悪いケア ➡ 良いケア
BPSDを改善

パーソンセンタードケア事例集

はじめに

　認知症ケアの理念として，パーソン・センタード・ケアが大切だと言われて久しくなります。しかし同時に，介護現場からは「パーソン・センタード・ケアは難しい…」という声も聞こえてきます。

　難しさには，2種類あります。数学の微分・積分のように知識がないと手も足も出ないという難しさと，最初は簡単だと思っていたけれども，取り組んでいるうちに「奥が深いなぁ」と思う難しさです。もし，パーソン・センタード・ケアが難しいとするならば，後者の難しさではないでしょうか。パーソン・センタード・ケアに関連して出てくる言葉の意味が分からないから難しいと感じているならば，前者の難しさになりますが，それは少し的外れです。

　認知症ケアは，誰でも取り組み始めることができますが，認知症の人にとって本当に心地良いケアに至るのは容易なことではありません。認知症の人にとって心地良いケアに至るまでの間には，紆余曲折は付き物です。失敗を恐れていては始まりません。認知症ケアにかかわる当事者には，認知症の人だけではなく，家族介護者や認知症の人をケアするケアスタッフも含んでいます。当事者として認知症ケアに携わるからこそ，悩みや葛藤を抱えたり，それぞれの立場の思いが噛み合わず衝突してしまったりすることもあります。こうした悩みや衝突を心地良い出会いに切り替えていく一つの道筋が，パーソン・センタード・ケアにあります。

　本書は，認知症ケアに悩む家族介護者や介護現場で認知症の人をケアするケアスタッフに向けて書いたものですが，認知症ケアに関心がある一般の人，専門職を目指している学生たちにも読んでもらえたら幸いです。そのような人たちにも読んでもらえるように，できるだけ日常の言葉で書きました。

　第1章は，「認知症ケアにかかわる人々の声を聞いてみよう！」です。第2章「パーソン・センタード・ケアの考え方」では，パーソン・センタード・ケアの考え方の背景にあることを少し紹介します。第3章は，パーソン・センタード・ケアの事例集です。なかなかうまくいかない事例と，良好な支援に至った事例を対比させて紹介します。簡単な解説もありますので，ここからケアのヒントを見つけてください。第4章は，「より良いケアを行うための＋α」です。そして第5章は，「効果的な研修・教育を行うために」です。必ずしも第1章から順に読み進めなくても結構です。関心を持ったところから少しずつ輪を広げていってください。

　それでは，一緒により良い認知症ケアを目指す探索の旅へ出発しましょう！

2015年5月

下山久之

目次

第1章
認知症ケアにかかわる人々の声を聞いてみよう！ …… 7

1. 映画『毎日がアルツハイマー』の監督，
   関口祐加さんの話を聞いてみよう！ …………………………… 9
2. 認知症を抱えながらも前向きに生きている
   佐藤雅彦さんと中村成信さんの話を聞いてみよう！ ………… 16
3. 認知症の人を介護する家族の話を聞いてみよう！ …………… 24
4. 認知症の人をケアするケアスタッフの声を聞いてみよう！ … 35
5. 認知症ケアにかかわる人々の話を伺って ……………………… 40

第2章
パーソン・センタード・ケアの考え方 ……………………… 43

1. パーソン・センタード・ケアの考え方が誕生した時代背景 ……… 44
2. 人であるとは〜人は社会的存在，コミュニケーションする存在 …… 45
3. コミュニケーションの2つの側面 ……………………………… 47
4. トム・キットウッドによる「認知症の人」の理解 …………… 50
5. トム・キットウッドが考えた認知症の人の心理的ニーズ …… 52
6. マズローの欲求の五段階説とパーソン・センタード・ケアの考え方 …… 54
7. 社会構築主義と本質主義の考え方 ……………………………… 56
8. ケアする人にも，パーソン・センタード・アプローチを …… 59
9. 不適切なケアが生じてくる背景 ………………………………… 60
10. ケアワーカーの仕事 …………………………………………… 63
11. 不適切ケアから適切なケアへの転換 ………………………… 65
12. 人と人として，響き合うこと ………………………………… 66

第3章
こじれた関係を紡ぎ直すパーソン・センタード・ケア事例集 …… 69

〈業務優先の考え方に陥っていると…〉
- 事例1　食後の口腔ケア，洗面所が大混雑！ …………………………………… 72
- 事例2　手荷物の置き場所をすぐに忘れてしまう… ……………………………… 74
- 事例3　夕方になると，家に帰りたくなる… ……………………………………… 76
- 事例4　家事が困難になってきたので，ヘルパーに来てもらった ……………… 78
- 事例5　「帰って夕飯の支度をしなくちゃ」と一人ソワソワ… ………………… 80
- 事例6　楽しみにしていたテレビドラマだが，今日は入浴の予定 ……………… 82
- 事例7　昼下がりの食堂は利用者にとってどんな環境？ ………………………… 84

〈食事場面で見られるケア〉
- 事例8　半側空間無視のある利用者の食事介助は… ……………………………… 86
- 事例9　食べこぼしのある利用者への食事介助は… ……………………………… 88
- 事例10　食欲がなく，食事量が減ってきた ……………………………………… 90
- 事例11　突然お茶や食事を摂らなくなり体調不良が心配 ……………………… 92
- 事例12　「虫が入っている！」と食事を拒否 …………………………………… 94

〈排泄場面で見られるケア〉
- 事例13　耳が遠い便秘気味の利用者への声掛け ………………………………… 96
- 事例14　退院後，トイレで排泄ができるようになり… ………………………… 98
- 事例15　「トイレに連れて行って！」頻回にコールを鳴らす ………………… 100
- 事例16　尿漏れが気になって外出できない ……………………………………… 102

〈入浴場面で見られるケア〉
- 事例17　入浴の順番待ちを忘れてしまう ………………………………………… 104
- 事例18　入浴を拒否する利用者への対応 ………………………………………… 106
- 事例19　入浴時，脱衣を特に嫌がる利用者への対応 …………………………… 108

〈レクリエーション場面で見られるケア〉
- 事例20　昼食後，片付けをお願いして …………………………………………… 110
- 事例21　大好きなレクリエーションの時間に往診 ……………………………… 112

〈睡眠・休養のケア〉
 事例22 右側への体位変換を拒否 ································· 114
 事例23 「胸が苦しい」と夜中に歩き回る ························· 116

〈在宅でのケア〉
 事例24 ヘルパーが賞味期限の切れた食品を勝手に廃棄した ········ 118
 事例25 頑張ってトイレに行ったが，うまく座れずに… ··············· 120
 事例26 朝，家族が忙しい時の過ごし方 ····························· 122

第4章
より良いケアを行うための＋α ························ 125

1．「認知症」についての適切な知識を得よう ······················· 126
2．今日の「家族」の特徴について理解を深めよう ················· 128
3．「生活」を支える視点を大切にしよう ··························· 131
4．「環境」を見直そう ··· 134
5．「多職種連携」を進めていこう ·································· 136
6．「気分転換」の方法を身に付けよう ······························ 139

第5章
効果的な研修・教育を行うために ···················· 143

1．認知症の人の経験を理解するために ····························· 144
2．「頑なな信じ込み」を和らげるために ··························· 149
3．関係調整の力を養うために ····································· 153
4．人として尊重される体験を大切にしよう ·························· 155
5．自らの体験を相対化する力を養うために ························ 156
6．ほかの専門職の力を借りよう〜「抱え込み」からの卒業 ········· 158
7．リフレッシュする力を身に付けよう ······························ 161
8．学び続ける習慣を身に付けよう ·································· 163

第1章

認知症ケアにかかわる人々の声を聞いてみよう！

認知症ケアにかかわる人々には，認知症の人はもちろん，認知症の人の家族や認知症の人をケアするケアスタッフも含まれます。認知症の人だけが，認知症ケアの当事者ではありません。

本章では，共に認知症ケアをつくり上げるために，認知症ケアにかかわる人々の声を聞いていきたいと思います。

初めに，母親の宏子さんを介護しながら，その日常生活を『毎日がアルツハイマー』という映画にまとめて上映した映画監督である関口祐加さんの話を紹介します。関口祐加さんは，宏子さんの娘であると同時に，映画監督として宏子さんの毎日を記録し続けています。その毎日を通して感じていることについて伺いました。

　続いて，認知症を抱えながらも，毎日を前向きに生きている佐藤雅彦さん（『認知症になった私が伝えたいこと』[1]）と中村成信さん（『ぼくが前を向いて歩く理由(わけ)——事件，ピック病を超えて，いまを生きる』[2]）のお話を紹介します。認知症になってから，その体験を本にまとめ世の中に発信していく活動は，米国のダイアナ・フリール・マクゴーウィン（『アルツハイマー病患者の手記——私が壊れる瞬間(とき)』[3]）やラリー・ローズ（『わたしの家はどこですか——アルツハイマーの終わらない旅』[4]）らから始まりました。その後，オーストラリアの元官僚であったクリスティーン・ブライデンが自分自身の体験を手記にまとめると同時に（『私は誰になっていくの？——アルツハイマー病者からみた世界』[5]『私は私になっていく——認知症とダンスを』[6]），世界中で講演を行うようになりました。この3人の手記と佐藤さん，中村さんの手記から，認知症の人たちがどのようなことを感じながら日々を過ごしているのかを知りたいと思います。佐藤さんと中村さんは，認知症になってもできることがたくさんあることを自らの行動から示し，認知症の人が前向きに生き続けることができるように，認知症を抱える当事者や社会に向けて，メッセージを投げ掛けてくれています。

　次に，夫の正美さんを介護する妻の体験として，下里多津子さんの話を紹介します。15年の介護体験の中で感じた事柄について伺いました。また，もう一人，実の母親である日比野節子さんを介護し看取った百合草正子さんの話を紹介します。百合草さんは，母親を介護する家族介護者であると同時に，介護福祉士として認知症の人やその家族を支援する専門職でもありました。家族介護者，そして専門職という両方の立場を経験しているからこそ感じた話を伺いました。

最後に,「人生 楽しく 自分らしく」をスローガンに,介護事業を手掛ける有限会社マザーズのケアスタッフの皆さんの話を紹介します。認知症ケアに携わった経験年数が2年半から3年程度の5人に,やりがいや戸惑いなどを伺いました。

　それぞれの立場からの声に素直に耳を傾け,互いの立場や気持ちを理解し合っていく機会にしましょう。

1．映画『毎日がアルツハイマー』の監督,関口祐加さんの話を聞いてみよう！

　母親の宏子さんを介護する関口祐加さんは,その日常生活を『毎日がアルツハイマー』という映画にまとめ上映しました。その映画は,生き生きとした感情を露わにする宏子さんと,祐加さんや祐加さんの姪っ子,息子である先人くんらとの交流を映し出しています。そこには,認知症を抱えているからこそ生じる混乱も見られますが,同時に,認知症を抱えていても今を前向きに生き,そして互いに思いやりを抱き続ける温かさがあり,観る者を励ましてくれる映画でもあります。

■介護を始めるきっかけ

　オーストラリアで製作したドキュメンタリー映画『THE ダイエット！』の日本公開が2009年に決まり,オーストラリアと日本を行ったり来たりする中

写真：堂本ひまり

関口祐加（せきぐち ゆか）氏

横浜生まれ。1981年大学を卒業後,オーストラリアへ留学。1989年『戦場の女たち』で映画監督デビュー。その後,結婚,出産,離婚を経験し,2010年1月末,母のアルツハイマー発症を機に帰国。『毎日がアルツハイマー』『毎日がアルツハイマー2』は,現在も絶賛上映中。2015年,いよいよ『毎日がアルツハイマーFINAL』が始動した。

で，母親の生活の変化に気付きました。買い物に出掛けても食材を買わない。出来合いの物ばかりを買ってくる。かつての几帳面な母からは考えられない変化でした。また，商品の多いスーパーマーケットではなく，わざわざ遠いコンビニエンスストアで買い物をしていました。コンビニエンスストアの方が商品が少ないので，選ぶのに困らないからだったんでしょうね。

　母には，誕生日を祝ってもらったことを忘れるという典型的なエピソード記憶の欠落が見られましたが，私はかつての厳格な母よりも，世間体などのしがらみから解き放たれて自由になっている今の母に魅力を感じたのです。そんな母を映画に撮りたいと考えました。最初は，オーストラリアと日本を行き来しながら撮れると思っていましたが，クリスマスに私の息子から頼まれたケーキを買い忘れたと，不安でいっぱいの目を見た時に，即座に日本に帰国し，同居することを決めました。あんなに気丈だった母が，自分に一体何が起きているのかが分からず，怖がっている。それまで絶対弱みを見せてこなかった母が見せた不安そうな姿を見た瞬間，「一番不安なのは本人なんだ」と胸を突かれました。

■専門家に期待すること

　なかなかお風呂に入りたがらなかったり，尿漏れすることを認めずトイレットペーパーを尿とりパッド替わりに使ったりするなど，対応に創意工夫が求められますが，それでも今の母は自分の感情に素直で，とても魅力的だと感じています。母が認知症になって，認知症に関する本を読んだり，専門家から話を聞いたりしてそれなりに勉強をしました。

　専門家の知識に助けられもしましたが，私は「専門家の言っていることだから間違いはない」とは考えません。自分自身が納得できないことや理解できないことは，理解できるまで尋ねます。専門家の中には，プライドが高く，複眼でものが見られない人もいるように感じます。また，資格を持っているだけで，自分の狭い専門的領域に安住してしまっている人もいます。

　医療者であろうと介護者であろうと専門家には，「真にプロフェッショナルなケア」を提供してほしいと切実に思います。本当の意味でのプロとは，目の

前の状況を把握し，次の段階に応えられる医療やケアを提供できる人ではないでしょうか。専門的な知識を，そのサービスを求める人のために創造的に使うことができる人が，利用者や家族から求められるプロなのだと思います。そのためには，プロは，常にブラッシュアップし続けることが大切だと思います。

■プロフェッショナルとして伸びる人

　映画の仕事でも，伸びる人とそうでない人がいます。自分自身や求められる仕事を相対化できる人は確実に伸びます。一人で良い映画をつくることはできず，チームワークが重要です。仲間と気持ち良く仕事をするためには，何よりも謙虚であることが大切。そして，チームで仕事をする時には，お互いに交渉し，自分の能力を最大限に生かせる環境をつくり出さなければなりません。

　私は，ケアも映画作りと同じではないかと考えます。一人では良いケアは提供できません。チームが必要だし，謙虚さと同時に具体的に交渉する力も必要です。このような能力を備えるために勉強し，チームの中で自分たちの能力を高め合っていくことが，本当のプロだと思います。

■家族介護者へのメッセージ

　最近，家族介護者向けの講演会を頼まれることが多くあります。私が家族介護者にお伝えしていることは，「介護は一人で抱え込まず周囲に助けを求めること，つまりカミングアウトすることが大切」ということなんです。周囲に助けを求めることで，状況は必ず変わる。周囲の人々や専門家の力を借りることにより，介護側と介護される側の関係性が変わっていきます。介護を抱え込み「私がやらなければいけない」と切羽詰まった気持ちになっている家族介護者の方もいるようですが，本当にそれでいいのか周囲に問い掛けることが必要だと思います。何よりも自分のそういう姿勢によって，介護される側にどのような影響が出ているのか。実は，ここが一番重要なポイントです。

　家族介護者も，息抜きや気分転換をしないと良いケアはできません。小説でもよいですし，映画でもよい。または，美術館に行くことでもよいと思います。感性を磨き，自分自身の世界を豊かにすることが大切です。「介護が忙しくてそれどころではない」という方もいらっしゃるでしょうが，実は，介護に必要

なのは，介護される側の世界を想像できるイマジネーションなのです。そして，このイマジネーションは，感性がみずみずしくないと持てないのです。

　また家族介護者は，専門家の言いなりになるのではなく，分からないことはきちんと確認するようにしなければいけないと思います。専門家と対等に渡り合えることが必要なのです。一緒に生活をしている家族だからこそ気付くこともあるはず。実は，この認知症の家族の個別性をキチンと伝えることが最も重要なのです。その上で，専門家と一緒に良いケアプランをつくっていくことではないでしょうか。

■宏子さんの変化と，これからの関係性

　母は認知症になって初めて，それまでの世間体を気にしていた状態から解放され，自由になったように思います。私はそのような母を魅力的に感じ，映画を作りたいと思ったのです。デイサービスに通うようになり，友人もできました。実は，母は女学校時代はとても優等生で，気を許せる友達があまりいなかったので，これは画期的なことです。しかし，デイサービスでカルタなど競い合うゲームをすると，昔の優等生気質と誰にも負けたくないという負けん気の性格から張り切りすぎてしまい，家に帰ってくると疲れ果てて寝込んでしまいます。負けたくないがためについ頑張りすぎてしまうところに，母の人となりの気質がそのまま見られます。認知症になって変わったところもあるし，そのままのところもある。要は，病気よりもその人となりをしっかり見ることも大事だと思います。

　また，家の中でも，母と私の関係が変化してきています。母は少しずつ私に依存的になってきていると思います。その分，私は自分の思いどおりに母を動かしやすくなっているわけですが，これは実は恐ろしいこと。「母に対して絶対的な力を持ち，

『毎日がアルツハイマー』の一場面

相手を支配する関係」になり兼ねないという気持ちから，パーソン・センタード・ケアの考え方をもっと知りたくて，イギリスに飛んだのです。これが，2014年に公開された『毎日がアルツハイマー2　関口監督，イギリスへ行く編』になりました。

　家族介護者の中には，認知症の人の症状が進むにつれて介護者に依存的になる分，介護が容易になると感じている方もいるようです。でも，本当にそうなのだろうかと考えずにはいられません。家族介護者の思いどおりにできても，認知症の本人がどのように主体的に生きていくのかという観点が抜け落ちてしまうと，とても怖い力関係になってしまいます。私は，自分自身もそのような状況に陥らないとは言い切れないと自覚しているからこそ，『毎日がアルツハイマー2』の中で，医師のヒューゴ・デ・ウァール博士に告白したのです。デ・ウァール博士は，「私たち全員が無力である。サポートがないとどうしてよいか分からず，相手に当たってしまうことがある。虐待する人は認知症の人と同じぐらい孤独である」とおっしゃっています。私たちは無力であることを自覚し，周囲からの支えを必要とすることをいつも考えないといけません。デ・ウァール博士は，「認知症はむごい病気であるけれども，プラスに考えることもできる。うつから解放される人もいる」とおっしゃいましたね。認知症をマイナスにばかりとらえるのではなく，認知症を抱えながらも，前向きに生きていける可能性を，『毎日がアルツハイマー』シリーズで感じていただければと願っています。

■『毎日がアルツハイマー』を観て

　『毎日がアルツハイマー』には，魅力がいっぱい詰まっています。誕生日ケーキを食べたことを忘れ，2週間後に「えぇ？　食べたっけ？」と驚き，その後明るく「忘れたったぁ！」と歌う宏子さんは，本当に魅力的です。

　また，同時に認知症ケアの実際も映し出しています。もし家族が「せっかく誕生日パーティーをしたのに…」という思いにとらわれてしまうと，とても悲しくなることでしょう。「せっかく気持ちを込めて祝っても，覚えていてくれないなんて」と考えるならば，それ以降のイベントは少なくなり，また味気な

いものになっていくかもしれません。しかし，関口家では，そのような雰囲気になることなく，忘れてしまうことすらも楽しんでいます。その瞬間その瞬間を一緒に楽しんでいくことを選んだのでしょう。

　とても楽しい毎日が映し出されていますが，それと同時に，認知症になっても人としてのすごみを持つ宏子さんの姿には，考えさせられるところがあります。認知症の宏子さんを介護するためにオーストラリアから引き上げ，宏子さんと同居することを決めた祐加さんは，最愛の息子，先人くんと別居することになります。その先人くんが休みの間日本を訪れた時，当初は先人くんが日本に永住することを認めていなかった先人くんの父親が，もし先人くんが望むなら，母親である祐加さんと共に日本で過ごすことを認めてくれるという場面があります。当時10歳の先人くんは，オーストラリアに戻るか日本に残るか，その難しい選択を迫られることになります。日本に残ると，オーストラリアの友人とは別れなければなりません。オーストラリアに戻ると，母親である祐加さんや宏子さんと別れなければなりません。父親も母親である祐加さんも，その選択を先人くん自身に委ねたのです。

　このような状況を，祐加さんはカメラを回しながら宏子さんに説明し，「おばあちゃんとしてはどう？」と尋ねます。その瞬間，宏子さんはサッと顔色を変えて，「腹立つよ！」と言いました。宏子さんの気持ちとしては，先人くんが日本に残ってくれたらうれしいに決まっています。その気持ちを分かっていながら尋ねられたことに，瞬間的に反応したのです。孫の先人くんに自分自身の気持ちを押し付けてはいけないことも，十分に承知していたことでしょう。そして，そもそもそのような難しい状況をつくった原因が自分自身にあることを感じていることでしょう。認知症になっても，人としての洞察力があるからこそ，瞬間的にそのような気持ちを試すような質問に怒りを感じたのです。

　先人くんがオーストラリアに戻ることを決めた時，宏子さんは先人くんに「自分自身で決めたんだからなぁ」と語ります。そして祐加さんに，「子どもに捨てられたな」と言います。きっと親子の別れは，宏子さんにとってとても切ないものだったでしょう。そして，その別れの原因となった自分自身に対して

も，やり切れない気持ちを抱いたのではないかと思われます。

　2011年1月22日のその日から，東日本大震災のあった3月11日までの映像はなく，空白の期間がありました。そこに映し出されない宏子さん，先人くん，祐加さんそれぞれの思いはどのようなものであったのだろうと，考えずにはいられませんでした。

　その間を知る手掛かりとして，祐加さんの著書『毎日がアルツハイマー』[7]と『ボケたっていいじゃない』[8]を読みました。そこには，先人くんがオーストラリアに戻るという選択をした一つの理由として，先人くんが日本に残ると祐加さんがもっと大変になると考えたからだ，ということが記されています。それぞれが相手を思いやって，親子の別離に至るということでした。

　このような経緯で，認知症ケアをしている場合，ケアが思いどおりにいかない時に，「何で分かってくれないの！　あなたのために息子と分かれ，ここであなたをケアしているのに！」という気持ちに陥りやすいことでしょう。しかし，その別離を自分の選択と自覚している祐加さんは，そのような心境にははまり込まなかったようです。

　認知症ケアが語られる時，上記のような切なさも含めて，やり切れなさや悲しさが強調されることがあります。確かにやり切れなさや悲しさはあるでしょう。しかし，この『毎日がアルツハイマー』のすごさは，そのような感情に停滞することなく，そのやり切れなさや悲しさすらも，人として生きる力に変えていくところにあると思います。

　オーストラリアに戻った先人くんも，母親である祐加さんとの別離を経験し，さらに人に対する思いやりや感受性が育まれたことでしょう。宏子さんも祐加さんも，認知症を抱えながらも今を前向きに生きる逞しさと，人を思いやる力を示してくれています。認知症になったことを悲劇としてとらえるのではなく，そのような体験すらも肯定的にとらえていく姿に，人間の持つ底力と可能性を教えてもらえる素晴らしい映画です。ぜひ，一度ご覧ください。

２．認知症を抱えながらも前向きに生きている佐藤雅彦さんと中村成信さんの話を聞いてみよう！

■認知症の始まり

　佐藤さんは，仕事中に議事録が書けなくなったことから，少しずつ認知症の症状が現れてきたそうです。会議で話されている内容は分かるものの，その要点をまとめて議事録にすることができなくなったということでした。つまり，聞くこととそれをまとめて書くことという２つのことを同時にできなくなったのです。

　佐藤さんはその後，配送の仕事をしている時に，配達先を見つけるのに時間が掛かったり，帰り道で迷ったりすることが多くなったと言います。そして，物忘れの自覚があったことから，いつも指定された場所に間違いなく届けたかという心配もありました。配達先に台車を置き忘れることもあり，台車を置き忘れていないか，商品を正しく配達したかが分からなくなり，自信を失っていったということです。物忘れの自覚があるからこそ心配で，ますます自信を失っていくという負のスパイラルに陥ってしまったようです。

　一方中村さんは，認知症の症状に対して全く自覚がなかったものの，日曜日に職場へ向かう途中で立ち寄ったスーパーで，突然警備員に呼び止められるという出来事があり，これが自分自身の中に起きている変化に気付くきっかけになりました。中村さんは，スーパーで万引きをしたと思われてしまい，警察で取り調べを受け，公務員であったため懲戒免職にされてしまったのです。ただし，こうした体験があったからといってすぐに認知症に気付けるわけではなく，

佐藤雅彦（さとう まさひこ）氏

1954年，岐阜県生まれ。中学校の数学教員を経て，コンピューター会社にシステムエンジニアとして勤務。2005年，51歳のときにアルツハイマー型認知症と診断され退職。現在も，ホームヘルパーなどのサービスを受けながら一人暮らしを続けている。認知症本人の体験を伝えようと講演活動も行っている。認知症当事者の会「３つの会」代表，「日本認知症ワーキンググループ」共同代表。

認知症という診断を受けても自覚がないために，受け入れることはできなかったと言います。

認知症の始まりは，物忘れの自覚症状のあった佐藤さんと自覚のない中村さんでは，全く異なる形であったと言えます。

■ 診断後の混乱

佐藤さんは，認知症の診断後に「これからどうしたらよいのか…」と考えはじめると，将来が見えず不安が不安を呼んで，どんどん落ち込んでいったと言います。記憶に障害があることが分かったため，毎日の自分の行動をノートに書こうとするものの，漢字が書けなかったり，字が乱れて後で読み返した時に何と書いてあるのか分からなかったり，ノートをなくしてしまったりしたそうです。

一方中村さんは，記憶障害はあまり顕著ではなかったため，生活の中で自分自身が病気であるという実感はほとんどなかったと言います。ただ，少し文章を読むのが面倒くさいと感じるようになったようです。おそらく集中力も落ちていることから，目で活字を追っているつもりでも，内容が頭に入らなくなったのでしょう。内容を理解するのに，以前より2倍も3倍もエネルギーが必要になったのではないかと思われるほど，疲れるようになったと言います。しかし，新聞や週刊誌などの短い文章なら，以前と変わらず不自由なく読めたことから，生活全般にわたって大きな障害はなかったように感じていたそうです。それにもかかわらず，医師から「車を運転してはいけない」「一人で買い物に行ってはいけない」と言われたことに，中村さんはなかなか納得することができませんでした。医師は，トラブルを避けるために忠告してくれていると頭で

中村成信（なかむら しげのぶ）氏

1950年，東京都生まれ。茅ヶ崎市職員として働いている時，茅ヶ崎海水浴場を「サザンビーチちがさき」と命名。2000年の「サザンオールスターズ茅ヶ崎ライブ」の実現に奔走した経験を持つ。2006年，スーパーで万引きをしたとして現行犯逮捕され，約2週間後に懲戒免職。その後，前頭側頭型認知症（ピック病）と診断され，3年2カ月に及ぶ公平委員会を経て懲戒免職処分は撤回された。現在は，佐藤雅彦さんらと共に認知症当事者の会，日本認知症ワーキンググループなどの活動を進めている。

は分かるものの，自由を奪われたという気持ちが強く働いたということでした。中村さんは，病院の帰りにはいつも感情的になってしまったと言います。

■自分自身を取り戻すきっかけ

佐藤さんが落ち着きを取り戻すきっかけになったのは，聖書の言葉であったと言います。

「わたし（神）の目には，あなたは高価で尊い。

わたしはあなたを愛している。」（「イザヤ書」43章4節）

この言葉から，佐藤さんは「認知症になっても何ら変わらない。今を生きているということは，目に見えない大きな愛によって支えられているのだ」と考えるようになりました。

中村さんが落ち着きを取り戻すきっかけになったのは，周囲の人から支援を受け，少しずつ社会とのつながりを築いていけるようになったことにあるようです。人とのつながりの中で，自分にできることや役割を見つけ，必要とされていると実感したことが重要な転換点となりました。最初は，遠くの若年認知症社会参加支援センターまで通っていたものの，そこまで通うのも難しくなり，またそのセンターの方針と中村さんが期待することが少しずれていると感じはじめたころに，地元の通所介護事業所から手伝いの誘いを受けたと言います。その通所介護事業所で，草むしりをしたり会報を作ったり，中村さんにできることを見つけていくことで，自分の居場所を見つけることができたようです。

■仲間や情報を見つけることの大切さ

佐藤さんも中村さんも，認知症になった後に，いったん社会とのつながりを失うという体験をしています。そして，この先どうなるのかという不安や葛藤を抱えることになりました。

中村さんの場合は，家族との関係の中で，互いに息苦しさを感じるぐらいの閉ざされた生活に陥ってしまいました。そのような苦しい状況から抜け出すきっかけになったのは，同じような体験をしている認知症の人との出会いでした。仲間と出会うことにより，同じような悩みや体験を分かち合い，そして必要な情報を得ることもできるようになりました。そのことにより，閉ざされた

世界から解放されることになったのです。

佐藤さんも，このような仲間との交流により，介護保険制度などについて知ることができるようになりました。具体的な制度やサービスを知ることにより，生活は大きく変わっていきました。

■生きがいについて

佐藤さんが認知症と診断された後，神谷美恵子さんの著書『生きがいについて』[9]を繰り返し読んだと言います。この本の中で，特に佐藤さんが心惹かれたのが次の一節です。

「人間の存在意義は，その利用価値や有用性によるものではない。野に咲く花のように，ただ『無償に』存在しているひとも，大きな立場からみたら存在理由があるにちがいない。自分の眼に自分の存在の意味が感じられないひと，他人の眼にも認められないようなひとでも，私たちと同じ生をうけた同胞なのである。もし彼らの存在意義が問題になるなら，まず自分の，そして人類全体の存在意義が問われなくてはならない」

「何一つできなくてもよい，何かができるから価値があるのではなく，そこにいるだけで尊いのである」ということに，佐藤さんは気付いていきます。そして，佐藤さんは外面をはばかることがなくなっていったと言います。見栄を張って着飾るのではなく，他人にむさ苦しいと思われない程度でよいと考えるようになったそうです。また，佐藤さんを立ち直らせるきっかけになったのは，「あきらめ」だと言います。「もう，しょうがないんだ，治らないんだ」というあきらめです。だからこそ，精いっぱいやろうと考えるようになったと言います。あきらめが，逆説的に希望を生み出したというのです。

佐藤さんは生きがいについて，自身の著書の中で次のように述べています[1]。

「私にとっての生きがいとは何なのか。それは，日々の暮らしの中で『生きている』という充実感を得ることだと，今は思っています。家のすぐそばにある土手を歩くと，春は菜の花，秋はコスモスが風にそよいでいるのに出合います。そうした花々を見て，『あぁ，きれいだな』と思った時，自分が生きていることを強く感じます。失われた能力を嘆くのではなく，今できることに目を

向け，毎日に感謝して生きよう。花も懸命に生きている。だから私も，懸命に生きていきたいと思います」

■「佐藤さんと中村さんの体験」から教わったこと

　佐藤さんと中村さんは，認知症という診断を受けて，すぐにはそれを受け止めることができず，精神的に落ち込んだ日々を過ごされます。そして，認知症について調べると，後ろ向きな情報ばかりで気が滅入っていったと言います。「認知症を抱えながら，これからをどう生きるか」という認知症の人に向けた情報ではなく，「認知症の人をどう介護するか」という家族介護者や専門職向けの情報が多すぎたと言います。

　佐藤さんが認知症を発症した当時は，当事者向けのメッセージではなく，認知症になった人を，その人が亡くなるまでの間どのように介護するかという介護者向けの情報ばかりだったのです。今でも，「アルツハイマー型認知症の中等度以降は，病識がない」と書かれた専門書があります。つまり，アルツハイマー型認知症の中等度以降は，記憶障害があることを自覚していないという主旨のことが記されているのです。そのため，自分のことを的確に自覚することはできないので，専門職や家族が本人に代わって判断すべきであるという考えも存在するのです。

　「認知症の人は判断能力がない，できることは少ない」という情報に出合うたびに，佐藤さんは打ちのめされていきました。そのような強烈なメッセージが，認知症の人の考える力や生きる希望を根こそぎ奪っていくと佐藤さんは感じたようです。佐藤さんより前に手記を残したダイアナ・フリール・マクゴーウィンやラリー・ローズも同様に，「認知症という診断を受けたことに強烈なレッテル貼りをされたように感じた」と記しています。認知症という診断名は，本人の生きる力を一気に奪う大きな嵐のようなものだったのでしょう。

　それでも，認知症になった佐藤さんは，認知症と診断された後に専門家からのアドバイスを受け携帯電話を購入し，その機能を使いこなすなど，記憶障害と見当識障害を補う対処法を獲得していきました。携帯電話のナビゲーションシステムを活用することで，迷うことなく目的地に到着できるようになったの

です。従来,認知症の人は新しいことは学習できないと言われてきましたが,佐藤さんは新しいことに挑戦しながら,自分の力で生きていくことを選択したのです。

　自分自身の物忘れを自覚していたダイアナ・フリール・マクゴーウィンは,職場のトイレからフロアに戻れなくなった時,臨時雇いの仕事に切り替えることを思いついたと言います。臨時雇いの仕事ならば,フロア内で道を尋ねても誰も不思議に思わないだろうと考えたのです。認知症の人であっても,そこまでの思考力を持っています。家族や同僚に認知症であることを悟られたくないから,何とか対処する方法を探し出したのでした。

　佐藤さんは,聖書の中に生きる希望を見いだしました。ただ存在するだけで意味があるというメッセージに救いを見いだしたのです。そして,そこからさらに生きがいについて思索していきます。記憶が続かなくても,その一瞬を大切にしながら,今を生きていくことを選びたいという意志を記しています。

　しかし,気持ちが揺らいだり,虚しさややり切れなさに襲われたりすることもあるようです。不安な気持ちが強くなると,生きる希望が奪われそうになります。ダイアナ・フリール・マクゴーウィンにも物忘れがあり,不安が強くなってくると自分が消え入りそうに感じたようです。そのような時に昔のアルバムを見て懐かしみ,しばらく回想していると落ち着いた気分になれると記しています。認知症になったらすべてを失うのではなく,できることもあるのです。そして,支えてくれる人や寄り添ってくれる人がいるならば,安心して持っている力を発揮することができると言います。

　佐藤さんと中村さんは,認知症の人自身がメッセージを発信し続けることで,認知症になっても住みやすい社会をつくっていくことを目指すことにしたと言います。佐藤さんからのメッセージは次のとおりです。

■認知症と生きる佐藤さんからのメッセージ[1]
看護・介護者へ
　私たちが,看護・介護職の皆さんにしてもらいたくないことは,次のことです。

> - ごまかしたりうそをついたりすること。
> - その人が自分でできることを代わりにやってしまうこと。
> - ひどく幼い子ども程度の能力や経験しかないように扱うこと。
> - 権力や脅しで心配させたり，不安にさせたりすること。
> - きちんとした人間でないというレッテルを貼ること。
> - 責めたり，何をやった・やらなかったという非難をあびせたりすること。
> - 本当に理解できるようにゆっくり話したり，単純な話し方をしたりしないこと。
> - 何か認められないことをしたからという理由で，仲間外れにしたり追いやったりすること。
> - 気持ちを無視し，真剣に受け止めないこと。
> - 生きた，感情のある人ではなく，物や動物のように扱うこと。

トム・キットウッド，キャスリーン・ブレディン著，高橋誠一監訳，寺田真理子訳：認知症の介護のために知っておきたい大切なこと―パーソンセンタードケア入門，筒井書房，2005.

　このような接し方は，認知症の人を傷付け，本人の生きる希望を奪うことにつながります。認知症の人の多くは，以前の私のように，マイナス面にばかり目が向いています。本人ができることを見つけて支えてください。そして，そうした人がもっと楽しく，前向きに暮らせるような話題やアイデアを提供してもらいたいと思います。本人が，自分に自信と生きがいを持って過ごすには，皆さんの理解と助けが必要です。

すべての人へ

　認知症になりたくてなる人はいません。認知症になって，自分の生活，そして人生が大きく変わりました。認知症になることは残念なことですが，決して不幸なことではありません。認知症になったらできなくなることも多いですが，できることもたくさんあります。本人は何も考えられない人ではなく，豊かな精神活動を営むことができる人です。本人は，医療や介護の対象だけの存在ではなく，どんな時でもかけがえのない自分の人生を生きている主人公です。本人は，自分のやりたいことや自分のできる仕事，ボランティアなどを通

じて世の中に貢献できる，社会の一員です。認知症の人たちは，社会の「お荷物」的な存在ではなく，老いたり生活が不自由になったりしても，誰もが自分らしく堂々と暮らしていける世の中を，身をもってつくり出している人たちです。

今，認知症と共に生きている多くの人たち，そして，これから認知症になるかもしれない無数の人たちが，認知症になっても幸せに暮らせる社会を，一緒につくっていこうではありませんか。人間の価値は，「これができる」「あれができる」という有用性で決定されるのではありません。何もできなくても，尊い存在なのです。

私はこれからも，認知症の人はこういうふうに考えているのだということを，社会に向けて広く訴えていきたいと思います。

■「佐藤さんのメッセージ」から教わったこと

佐藤さんのメッセージは，決して無理難題を言っていません。人として当たり前に大切にしてほしいという願いです。認知症の人が生きることをあきらめないように，聴く耳を持つこと，そして社会に居場所があること。認知症の人に限らずどのような人であっても，否定されることなく社会に居場所があることを願うでしょう。誰もが自分らしく堂々と暮らしていける世の中をつくり出していく活動を，佐藤さんは身をもって行っているのです。佐藤さんは，「人間の価値は，『これができる』『あれができる』という有用性で決定されるものではない」と言っています。「何もできなくても尊い存在」ということを信じるからこそ，認知症になったことを恥じることなく，認知症を抱えながらも前向きに生きていこうとしています。

佐藤さんは，認知症という自分自身の問題に限定した発言をしているのではなく，さまざまな障害や病気を持つ人であれ，貧困状態にある人であれ，どのような文化や宗教に属する人であれ，すべての人が否定されることなく，肯定される社会を創出していきたいという強い信念に基づいた実践を行っているのだと思われます。そして，自分自身が肯定的に生きることを通し，強い社会変革のメッセージを発信し続けようとしています。

認知症である佐藤さんや中村さんは，何もできない人ではなく，存在し続けることにより，社会変革を実践し続ける人なのです。

3．認知症の人を介護する家族の話を聞いてみよう！

　心筋梗塞で倒れた下里正美さんを介護する妻・多津子さんのお話を紹介します。

■介護体験の始まり

　夫が心筋梗塞で倒れたのは15年前です。倒れてから心停止している時間が7〜10分程度あったということで，その間に脳へ酸素が運ばれず，脳へのダメージが残りました。

　入院した病院では，体幹機能は低下しており，しっかり歩くことはできないのだけれども，ジッとしていられず動物のように激しく動き回る状態でした。きっと脳が落ち着いていなかったのだと思います。歩けなくても動き回るから，そのころは本当に闘いの日々でした。病院から付き添っているように言われましたが，24時間ずっと付き添っているわけにもいかず，私自身の生活もままならない大変な日々でした。

　夫にどうすれば分かってもらえるのか，不安を感じ，泣いてしまったことがあります。その時，夫はそっと私の頭をなでながら，ヨシヨシというように抱きしめてくれました。一見，激しく動き回っているところは動物のようだけれど，情緒的にはとても優れていることをこの瞬間に感じ取りました。人としての大切な部分は残っていると確信したのです。夫の優しさがとてもうれしかったです。夫が激しく動き回る時は，私がギュッと夫を抱きしめるようにしました。それで感じ取ってくれるのではないかと期待したのです。抱きしめることにより，伝わるところがあったように思います。

　最初の病院に4カ月入院した後，次にリハビリテーションセンターを3カ月程度利用しました。病院でもリハビリテーションセンターでも，一時も目を離すことができず，激しく動き回ることは変わりませんでした。ですから，「必ず付き添っていてください」と病院やリハビリテーションセンターから言われ

ました。リハビリテーションセンターはいつまでも利用しているわけにはいきませんので，退所した後のことを考えなければいけなかったのですが，看護師には「こんな状況では，在宅生活は無理ですよ」と言われました。でも医師には，「こんな状況では，預かってくれる施設はありませんよ」と言われました。

　ずっと付き添っていることによって私の生活もままならないこともあり，とにかく家に帰りたいと考えていました。リハビリテーションセンターにいる時に，訪問介護事業所の責任者が様子を見てくれ，在宅生活を支援してくれることになり，いよいよ家へ戻ることになりました。

■専門職との連携

　在宅介護を始めてから，私自身も介護の勉強を始めました。夫の身体の機能などを低下させたくなかったので，本人が持っている機能を維持・向上できるように努めました。

　ヘルパーや看護師の中には，とても自負があるものの，夫へのケアが適切ではないように思える人もいました。そのような時は，ヘルパーや看護師に，このように行ってほしいとお願いしています。時々，素人の私から指摘を受けることを快く思っていない様子が伝わってくることがあります。しかし，家族だからこそ気付けることもあると思うので，遠慮せずに伝えていくようにしています。このように，専門職にもっとこうしてほしいなどとお願いすることは，とてもエネルギーが要ることです。また嫌な顔をされたら困るなと，家族は遠慮してしまうところがあるのだと思います。

　在宅に戻ってからすぐのころの自宅は改築前で，今よりも居間は狭い状態でした。ですから車いすが利用できなかったのですが，ヘルパーから「車いすを使ってもよいですか？」と言われたことがありました。確かに車いすを利用した方が楽でしょうが，それができる状態ではないのにそう言われたので，私は「車いすを利用できるように改築しないんですか？」と言われたように感じてしまいました。そういうつもりで言ったのではないのかもしれませんが，家族は何気ない一言に傷付くことがあります。

　夫の機能が失われないように，デイサービスの帰りのみ，2人介助で家の外

の階段を歩行しながら上がってほしいとお願いしたところ，スタッフへの負担が大きいのか断られてしまいました。また，口から食べることが大切だと思い，少しでも口から食事を摂れるよう介助してほしいと思っても，ヘルパーから「嚥下障害があるため無理です。危険です」と言われたことがあります。ほかにも，「痰が多いのは経口摂取をしているから」と看護師に言われたこともあります。私には，経口摂取と痰は関係ないように思えたのですが，専門職はリスクを冒したくないという気持ちが強く働きすぎる傾向があるように思います。時々「大変」と言われると，それは「本人にとってつらいこと」を意味しているのか，それとも「私たちの手間が増える」ということを意味しているのか，どちらなのだろうと考えてしまうことがあります。

　あまりにもヘルパーや事業所に頼み事をしていると，子どもから「お母さん，クレーマーだと思われていない？」と言われることがありました。そう思われているかもしれないなぁ，と思う時もあります。しかし，きちんと伝えていかないといけないと思い，できるだけ要望を正確に伝えようと考えています。そう思いながらも，一人の人間のエネルギーには限界があるので，あきらめてしまうことがあります。または忙しくて，もういいやと考えてしまうこともあります。家族と専門職が連携すれば，本当はもっと良いケアを夫に提供できるようになるのではないかな，と考えています。

　夫は，今は少しずつ機能が低下してきています。それでも医師からは，「とても頑張っており，一般的な方よりは機能低下が少ない」と言われました。家族はほかの事例と比較することができないので，今の夫の状態が良い方なのかどうか分からないのです。夫や私たち家族，それから今まで支援してもらった専門職の皆さんのおかげで良い状態を保てているのかもしれませんが，機能が回復したわけではないので，自分たちだけではどう判断してよいのか分からないところがあります。

　私は，夫の機能を少しでも残しておきたいと考えています。あきらめたらその可能性はなくなってしまうと感じています。だから，少しでも刺激を与えていくように心掛けています。脳梗塞があり，本人は発信できないことを歯がゆ

く思っていると感じています。それでも分かっていることはあると信じているので，あまりにも反応が少ない時に，「社長さん，おはようございます」と言ったら，笑ってくれました。やはり，こちらの言っていることは伝わっているのだと思います。そう信じてかかわり続けていきたいと思います。

　夫の状態は一日の中でも波があり，変化しています。ヘルパーの中には，初めて見る状態に驚かれる人がいます。いつも見ている自分の知っている姿だけがすべてだと考えずに，夫の持っている可能性を知り，介護していただけるとうれしいです。

■専門職に期待すること

　専門職には，どうか利用者を一人の「人間」として見てほしいと願います。病気や障害だけを見るのではなく，まず「人間」として見てほしいのです。そして，多少困難なことがあっても，楽な方に流されないでほしいと願います。「危険です」という言葉をどのような意味で使っているかをよく考えてほしいと思います。生きていくことには，どうしても危険が伴うと思います。危険を回避しすぎると，それは機能低下にもつながってしまう。私としては，それがとても残念でなりません。

＊　＊　＊

　続いて，実の母親である日比野節子さんを介護し，そして看取った百合草正子さんのお話を紹介します。

■介護の始まり

　母は30年間，腎臓の病気を抱えていました。人工透析は19年間行っていました。その後，脳梗塞を患いました。

　母が68歳のころから，「孫がお金を盗んだ」と言うことがありました。その言葉を真に受けた父が，私の子どもを叩いたこともあります。周りにいる人がおかしなことを言っている，と言うこともありました。少しずつ変だなと感じはじめていた74歳の時に，老年科でアルツハイマー型認知症と診断されました。その診断名を受容するのには，長い時間が掛かりました。とてもショックでした。近所の人にも，母が認知症だということはすぐには伝えられなかったです。

■協力してほしい4つの約束

　それから認知症の講演会や本，テレビなどで勉強を始めました。その中で得られたことを基に，家族で4つの約束を決めたのです。

> **約束1：今日から新しいおばあちゃん**
> 　今までのおばあちゃんとは少し違うことをするけれど，それは病気のせいだと思うこと。
>
> **約束2：みんなでイエスマン**
> 　病気のせいで忘れてしまったことを「違っているよ」と言われても分からない。「違っているよ」と言われ続けると不安になって，どんどん病気がひどくなる。だから，おばあちゃんが間違えたことを言っても，何でも「そうだね（イエス）」と言うこと。
>
> **約束3：いつでも笑顔**
> 　病気が進むとおばあちゃんの周りは知らない人ばかりになる。だから不安になるので，笑顔で話し掛けて安心させること。
>
> **約束4：今が大切**
> 　いつか家族のことも忘れてしまうから，一緒にいられる今の時間を大切にすること。

　認知症になる前から人工透析をしていることもあり，体重制限や水分摂取の制限がありました。しかし，これは母にとってとてもつらいことでした。認知症になって食べたことやお茶を飲んだことを忘れてしまうので，繰り返し求めてくることがありました。

■行動障害に悩まされたころ

　昼夜逆転がひどく，1週間ぐらい続くことがありました。そうすると，母を介護する父や私も疲れ果ててきます。母に，「何とかして寝てよ」と言ってしまったこともあります。弄便行為が見られた時には，その片付けをしながら，「何で私がこんなことをしなければいけないの？」と考えたこともあります。その言葉を母には言いませんでしたが，その時の私の気持ちは被害者的だった

と思います。

　食べ物や飲み物の制限があるので，冷蔵庫には鍵をかけ，水道は元栓から閉めていました。するとある時，母はどうしても水が飲みたかったのか，洗剤を飲んでしまいました。口から泡を吹いて倒れているのを見て，救急車を呼びました。このような中でも母に怒鳴ることはありませんでした。しかし，それは少し客観的で卑怯な自分がいたからです。怒鳴った私の言葉を，母の人生の最後の言葉にしたくなかったのです。救急車には20回ぐらい乗りました。

■心の葛藤

　誤嚥性肺炎が起こり，母はやがて動けなくなっていきました。その結果，ベッド上で過ごす，いわゆる寝たきりの状態になりました。母にとって幸せなことではないでしょうが，正直に言ってうれしかったです。昼夜逆転の生活から解放され，夜，ようやく眠れるようになると思ったからです。

　寝たきりになったら拘縮が進むことは，介護福祉士である私は知っていました。だから，歩かせようと心掛けました。一時，全介助だった母が，少しずつ表情が出てきて，笑顔が見られるようになりました。とてもうれしかったです。母は人工透析を受けていたので，寝たきりになると自宅から病院へ通院できなくなると思い，とにかく歩けるようにしなければと考えたのです。自分のエゴと母親を思う気持ちの心の葛藤は，本当に大きなものでした。

■家族の協力

　家族はみんなよく協力してくれました。だから家族介護をやってこられたのだと思います。母は，認知症と誤嚥性肺炎を患い，胃瘻にするかどうかを決めなければならない時が来ました。この時，「今，死なせたくない」と思いました。その気持ちは「死んでほしくない」という私自身の気持ちです。この気持ちになってから，介護は負担ではなくなりました。被害者意識ではなく，自分で選んだ介護が始まりました。

　医師から，納得できるまで繰り返し説明を聞き，胃瘻を造設することを決めました。それまで介護福祉士として医師にかかわる時に，遠慮してあまり聞けないことが多かったのですが，ここでは家族としてきちんと聞かないといけな

いと考えました。苦しんでいる母を助けてほしいとお願いしました。本当はその医師は，胃瘻に反対の立場であったようですが，私の気持ちを伝えることによって，胃瘻という選択肢もあり得るのだと考えるきっかけになったとおっしゃっていました。

■家族の遠慮

　母がショートステイを利用している時に，骨折したことがありました。私は介護福祉士としてその地域で働いているし，何となく状況を察して，母が骨折した理由を聞きませんでした。すると娘が「痛い思いをしたのはお母さんじゃないんだよ。おばあちゃんなんだよ。きちんと状況を聞かなければだめでしょ」と言い，父と娘で説明を聞きに行きました。私は，介護福祉士としてその地域で働いているということと，もう一つ，家族でも介護が大変な母をお願いしたのだからという気持ちから，その事業所に母が骨折した理由を尋ねることができませんでした。家族は思っていることや困っていることがあっても，なかなか口にすることはできません。専門職にはその点を察する力が必要なのだと思います。

■専門職に求めること

　専門職には，家族への労いの言葉掛けと情報提供をしてほしいと思います。今の専門職は忙しいため，なかなか利用者や家族の気持ちに寄り添えないのだと感じています。寄り添えないし，待てない。その雰囲気から，余計に利用者や家族は，気持ちを伝えることができなくなっていきます。専門職にも気持ちの余裕が必要なのだと思います。

　また，介護福祉士として勤務していた経験から，専門職は常に研鑽が必要なのだと思います。利用者や家族の願いを叶えるために，力を付け続ける必要があります。

■家族介護をしている方へ

　どうしても遠慮する気持ちが出てしまうと思いますが，専門職の説明で分からないことがあれば，きちんと理解できるまで質問した方がよいと思います。専門職ときちんと話し合いをすることは必要です。そして，ほかの家族へ協力

を求めることもした方がよいと思います。ただそばにいてくれるだけ，ただ話を聞いてもらうだけでも，一人っきりで抱え込んだ介護とは全く違ってきます。介護は一人だけでやり切れるものではないと思います。

■認知症を抱え，人生を全うした母へ

　母の介護をしていた最初のころは，やらされている感がとても強かったのが真実です。でも，認知症を抱えながらも，周囲のみんなに「ありがとうね」と感謝しながら毎日を生きている母の姿を見て，生きることの意味を教わった気がします。認知症になっても他者を励ますことができることを示してくれたのも母でした。母がみんなを励ましてくれた節子語録は，家族みんなの宝物です。

＊　＊　＊

　百合草正子さんは，アルツハイマー型認知症を抱えて生きる日比野節子さんと，節子さんのお孫さんであるちいちゃんとの交流を『ありがとう―アルツハイマー型にんちしょうのおばあちゃんとちいちゃん』という絵本にされました。小さな子どもから専門職まで，認知症を抱えて生きるとはどういうことか，家族ができることは何かを考える良い教材になると思います。この絵本の中に「協力してほしい４つの約束」も記されています。

■認知症の人を介護する家族介護者の話を伺って
家族介護者が経験する４つの苦しみと５つの心理的ステップ

　認知症の人を介護する家族介護者は，第二の患者と言われることがあります。第一の患者が認知症の人だとすると，その家族は第二の患者ということです。認知症の人は，脳の萎縮により記憶障害などが起こり，生活に障害を抱えることになります。その生きにくさは，認知症の人の個人的な体験に留まらず，生活を共にする家族をも巻き込んでいき，あたかも家族自身も患者のように，認知症という体験を共にする当事者になっていくということです。

　一般的に家族介護者は，次の４つの苦しみを経験すると言われています。

①24時間気の休まる時のない介護で，心身ともに疲労に陥っていくという体験
②家庭生活が混乱していくという体験
③先行きに不安を感じているという体験

④周りの人に苦労を分かってもらえず，孤立無援の状態に陥りやすいという体験

　下里正美さんを介護している妻・多津子さんも，母親の日比野節子さんを介護した経験を持つ百合草正子さんも，①〜③を体験しています。幸いなことに，家族の理解が得られたことから，④の状態にはならなかったようです。①〜④のすべてを体験した場合，さらにつらい状況に陥っていくこととなります。理解者の存在は，家族介護者の介護力を高めていくことに役立ちます。

　また，家族介護者がたどりやすいと言われる心理ステップには，次の5段階があると言われています。

第1ステップ：まさかそんなはずはない。どうしよう
第2ステップ：ゆとりがなく追い詰められる
第3ステップ：なるようにしかならない
第4ステップ：認知症の人の世界を認めることができる
第5ステップ：人生観への影響

　この5段階は，いつでも第1ステップから始まるとは限りません。また，すべての家族介護者が，第1ステップから第2ステップ，そして第3ステップ，さらに第4ステップ，最後に第5ステップと，順々にステップアップしていくわけではありません。何年介護をしていても，第1ステップから抜け出せない家族介護者も存在しています。また，認知症の状態の変化により，第1ステップから第2ステップ，やがて第3ステップへと進んだはずが，第2ステップへと降り戻されることもあります。

下里多津子さんの場合

　下里正美さんを介護している妻・多津子さんの場合は，心筋梗塞というはっきりとした発作を区切りとし，その時の脳の低酸素状態から認知症を発症したため，突然第2ステップから始まったようです。必死に夫の介護をする中で，ゆとりがなく追い詰められる体験，そしてつらくて泣き出してしまうような体験もしています。その時に，正美さんが頭をなでながら慰めてくれたという出来事から，第3ステップの「なるようにしかならない」という気持ちと，第4ステップの「認知症の人の世界を認めることができる」という気持ちに至った

ようです。正美さんの情緒面の豊かさに触れることにより，人間としての確かなものを正美さん自身から感じることにより，第4ステップに至ったのでしょう。

また，正美さんが動物のように激しく動き回る時は，闘いの日々であったということですが，ゆとりがなく追い詰められている中でも，正美さんのことをギュッと抱きしめると，正美さんに多津子さんの思いや情緒が伝わったという体験をしたようです。多津子さんは，必死に正美さんの状態に向かい合う中で，第2ステップから第3ステップ，そして第4ステップと心理ステップが進んでいったものと思われます。ただし，格闘しているころは第2ステップから第4ステップまでの3段階が混在している状態だったのではないでしょうか。

正美さんの介護を通して，あきらめず可能性を信じることで，多津子さんは「人は病気を抱えていても変化していける」という実感を持ったということでした。いつでも可能性を信じ，自分自身ができることを大切にしていきたいという介護観は，人生観にも通じるものであると思われます。正美さんの可能性を信じ続け，介護の実践を続けることは，多津子さんの人生観に大きな影響を与えたものと思われます。多津子さんは，自身の認知症ケアの体験が人生観への影響を及ぼすという第5ステップの境地に達しているようです。

ただ多津子さんは，自身がそのように介護に前向きになれたのは，相手が夫である正美さんだったからだろうということでした。夫婦という関係や嫁と姑という関係などそれぞれの関係性により，介護に対する姿勢は異なってくるというのが多津子さんの考えです。確かに，それまでの関係性が介護の質に大きく影響するものと思われます。介護する人とされる人の関係がどのようなものであったかにより，家族介護の状態は大きく異なってくるでしょう。家族介護が一般化しにくい理由がここにあります。

百合草正子さんの場合

母親の日比野節子さんを介護した経験を持つ百合草正子さんは，節子さんが認知症を発症するより前から，母親の介護を始めています。介護経験の途中で，節子さんは認知症も発症しました。物忘れや生活上の混乱が見られる中で，な

かなかその状態を受け止めることができず，まさに第1ステップの「まさかそんなはずはない。どうしよう」という状態が続いたようです。医師からアルツハイマー型認知症という診断を受けても，すぐには受け入れることができなかったと言います。講演会へ行ったり本を読んだりして，少しずつ認知症を受け入れていったようです。

　そしてこの過程で，一つの指針として「協力してほしい4つの約束」を決めています。この4つの約束を決めることを通し，家族の共通認識が形成されていったのでしょう。4つの約束を掲げることを通し，第4ステップである「認知症の人の世界を認めよう」とする努力が感じられます。きっと，第2ステップから第4ステップまでの振り幅を持ちながら，行きつ戻りつの認知症ケアを続けてきたものと思われます。

　「認知症を抱えながらも，周囲のみんなに『ありがとうね』と感謝しながら毎日を生きる母の姿を見て，生きる意味を教わった気がします」という言葉から，やはり正子さんも節子さんの介護を通し，第5ステップの人生観への影響という境地に達したものと思われます。認知症になりながらも，他者を励ますことができることを示してくれた節子さんは，正子さんの人生観に多大な影響を与えたのです。

家族介護者と専門職との連携の必要性

　下里多津子さんも百合草正子さんも，認知症ケアを通し，第5ステップの段階まで至ったようですが，すべての家族介護者がそのような順調なステップをたどるとは限りません。介護を受ける人と介護する人の関係性，また介護する人の性格傾向や体力など，さまざまな要因が合わさり，家族介護者の心理状態は決まってくるのでしょう。比較的早くに次のステップへ進むことができる家族介護者は，専門職や家族内のほかの人へ支援を求めることができる方のようです。

　多津子さんも正子さんも，専門職と家族の連携の必要性を指摘しています。家族だから気付くこともあり，それを専門職に伝える必要があるし，また専門職の持つ知識が家族介護者を支援することにもつながるということです。専門

職からのアドバイスが得られると，家族介護者は介護をより効果的に行うことができるようになります。

また，2人とも「家族は遠慮して，専門職に言えないことがある」と言っています。比較的はっきりと専門職に要望を伝えられているだろう多津子さんでも，気兼ねして言えないことがあるということです。だからこそ，言えない家族の胸の内を察する力が，専門職には問われるのだと思います。家族と専門職が協力し合うことにより，認知症の人への支援はより適切なものになっていくことでしょう。

4．認知症の人をケアするケアスタッフの声を聞いてみよう！

「人生 楽しく 自分らしく」をスローガンに事業を展開する有限会社マザーズのケアスタッフである，加藤真理子さん，村松清美さん，平岡大知さん，山屋まみさん，中島真帆さんのお話を紹介します。

■介護の仕事を選んだきっかけ

加藤：介護の仕事を始める前は事務をしていました。再就職をする時も最初は事務を希望しており，介護の仕事は選択肢として考えていませんでした。事務への就職が難しかったので，介護の仕事に就いたというのが3年前です。一日体験をさせてもらった時に出会った方が，認知症ではあってもとても魅力的で，表情が素敵でした。その人たちにかかわりたいと思って，この仕事を始めました。実際の介護では，人と人のかかわりがとても重要だと感じています。介護技術は不十分でしたが，気持ちが通じ合うことがあり救われました。最初はおっかなびっくりやっていたら，それを感じ取り利用者さんも怖がってしまっているようでした。私の不安が伝わってしまったのだと思います。思い切ってやってみると，相手の反応は違いました。

村松：人と接する仕事を探していました。最初は保育の仕事を希望していたのですが，資格がなかったため就職できませんでした。介護は無資格，未経験

でOKということでしたので,この仕事を選びました。2年半前のことです。実際に介護を体験して,認知症のことは何も分からなかったけれど,自然と涙が出てきました。ここなら安心,職場に来ても癒やされる。自然と利用者さんに受け入れてもらえたのがうれしかったです。

平岡:介護の仕事は,看護師の母に勧められました。介護を始めて2年半になります。今でも介護の仕事が自分に向いているかどうかは分からないです。ほかのケアスタッフを見ていると,自分のことは後回しで人のために一生懸命な人たちがいっぱいいる。本当に優しい人たちだなと感じています。

山屋:高校は福祉科でした。高校生の時の授業で,便を投げつけられることもあるとか,帰宅願望がある利用者さんが2階から飛び降りそうになったなど,いろいろなエピソードを聞いて,自分には無理かなと感じ,高校を卒業後,違う分野の専門学校に行きました。そして,違う分野で5年間ぐらい仕事をした後に,介護の分野に来ました。高校生の時とは全く違った目で,今,介護の仕事を見つめています。この仕事を始めてから,ヘルパーの資格も取りました。介護の勉強はとても新鮮で楽しかったです。介護の仕事は居心地が良い。自分自身に悩みやつらいことがあってもフロアに来ると,そこにはいつも温かい空気が流れていて,その中に入るとホッとします。

中島:前職の仕事量が減ってきて,だんだん収入が少なくなってきたので辞めました。そこで,ハローワークから紹介され,介護の勉強をさせてもらい,その後に就職しました。介護の仕事を始めて2年です。職場見学の時に,利用者さんの横に座り,一緒にお茶を飲んだり,和やかに一緒に過ごしたりすることも大切な仕事なんだということが分かりました。

■認知症の人への対応で困ったことは?

加藤:レビー小体型認知症で,気分のムラが激しい方がいらっしゃいます。最初はよく理解できず,ただオロオロするだけでした。先輩から説明を聞き,その後自分でも調べて,わざとではなく,脳の疾患から起こる症状なのだということが理解できました。

村松:毎日,「何日? 何時?」と質問してくる利用者さんがいます。私はそ

の方に毎回答えるのですが，ほかの利用者さんがうるさがるので，利用者さん同士の関係調整に苦労しています。

平岡：レビー小体型認知症の利用者さんで，時々暴力的になる方がいます。最初は我慢していたのですが，だんだん限界に近付いてきたと感じることがありました。自分がカッとなって手を上げたら，一生懸命ケアをしているほかのスタッフに迷惑を掛けると思い，一度辞めたいと申し出たことがあります。でもその時は，「急に言われても困るから，2，3カ月前に言ってね」と言われ，何となくズルズルと今に至っています。今は，ほかのスタッフや事業所全体のことを考えて，突然自分が抜けたらそれも迷惑だなと思うようになりました。レビー小体型認知症の人への対応は，ボクシングのスウェーイングのようにかわし続けています。殴られないようにさっと避けることをスウェーイングと言います。本来のケア方法とは違うと思うのですが，今自分にできる方法として，このような対応をしています。

山屋：頭が痛い，つらいと訴えてくる利用者さんへの対応で迷うことがあります。気持ちを受け止めたいと思うのですが，聞いているうちにどんどんつらさや痛さの訴えがエスカレートしていくことがあります。かかわり方が不十分で，どんどん訴えがエスカレートしているのではないかな，と考えてしまいます。

中島：認知症の人に限らず，利用者さんにかかわる時に迷うことがあります。いろいろな利用者さんに公平にかかわるようにしていても，やきもちを焼かれることがあります。ほかの利用者さんにかかわっている時に文句を言われると，どう対応してよいか迷ってしまいます。

■ これからどのようなケアをしていきたいですか？

加藤：もっと認知症の人にかかわりたいです。認知症という疾患だけを見るのではなく，その人の行動の背景にあるものを知り，その人全体とかかわれる専門職になりたいと思います。

村松：利用者さん同士のトラブルの仲裁などで疲れてしまうことがあります。時々，利用者さんに背中を向けている時にホッとしてしまうことがあります。

利用者さんの方へまっすぐ向けない自分は駄目だと思うのですが，この現在の状況を越えて利用者さんと気持ち良くかかわれるようになりたいです。

平岡：今の自分には足りないものが多すぎると思います。ほかの人に頼られると頑張れるタイプなので，頼られるようになりたいです。

山屋：イチゴ狩りなどのイベントを楽しみたいです。利用者さんと「また行きたいね」と言い合えるようなちょっとした楽しみを見つけ，日々を大切にしていきたいと考えています。

中島：利用者さんと約束したことで果たせていないことがあります。いろいろな約束を口約束で終わらせず，実際に行動できるようになりたいです。時々利用者さんから，「あんたは頑張っているよ」と励まされることがあります。それで救われています。今度は，私が利用者さんを励ませるようになりたいです。

■認知症の人をケアするケアスタッフの話を伺って

　ケアスタッフは，介護を仕事として選択した人たちですから，自分の意思とは関係なく突然介護をしなければならなくなった家族介護者の体験とは少し異なります。そうは言っても，家族のように介護される人の背景を十分に知った上で介護するのではない，というところに，家族介護者とは異なる難しさを抱えることになります。

　ケアスタッフは，介護の必要性を前提とした上で，初めて介護される人と出会うことになります。そこでは，介護される人を一人の人として見る前に，疾病や障害など介護が必要となる原因や現在の心身の状態などに焦点が当たりやすくなります。専門職だからこそ，その専門性に焦点化した形で，介護される人を見てしまいやすいということです。

　マザーズのケアスタッフに話を伺っている時に率直に感じたのは，5人ともとても誠実に認知症ケアにかかわっているということでした。誠実に向き合っているからこそ，利用者同士の関係調整や，認知症の症状から起こる感情の起伏にどのように対応するのかなどの難しさを感じています。決して，あしらうような対応法を覚えることなく，一人の人として誠実に理解しようとする姿勢を感じることができました。専門職がその専門性にとらわれた形で利用者を見

やすいという傾向に陥らずに，一人ひとりの人間として見ていくという基本姿勢は，マザーズの「人生 楽しく 自分らしく」というスローガンから来るものなのかもしれません。

　誠実に向き合っているからこそ，時として，気持ちがいっぱいいっぱいになることもあるようです。話を伺っている途中で，涙を流す方もいました。自分なりにギリギリまで頑張っている時に，もし支援がなかったら，気持ちが切れてしまうか，攻撃性が出てしまうことも起こり得ます。実際に，そのような事態に陥るかもしれないと感じたからこそ，平岡さんは辞めたいと申し出たということでした。その辞めたいという理由は，もし自分を抑え切れずに暴力を振るってしまったら，一生懸命頑張っているほかのケアスタッフや事業所に迷惑を掛けることになるからというものでした。決して自己中心的な考え方ではありません。

　認知症の人への対応で困ったことを伺ったら，認知症の症状に伴う起伏の激しさをどのように理解し対応するか，利用者同士の関係調整，身体の不調を訴えてくる方への対応法など，さまざまな場面が出てきました。どれも唯一絶対の正解があるものではありません。一人ひとりの認知症の症状やその時の状況により，適切な対応法は異なってくるでしょう。このように，絶対の正解を導き出せない認知症ケアでは，状況や相手に合わせて揺らぐことができる余裕が必要となります。適度にゆとりを持つことが重要だということです。良い意味での「いい加減さ」も必要です。専門職としての真面目さだけではなく遊び心もないと，余裕を失いやすいでしょう。ついつい真剣に考え込みすぎてしまうと，自ら余裕を失うことにつながります。適度な真面目さと遊び心のバランスが，認知症ケアに携わるケアスタッフには必要なのです。

　マザーズの5人のケアスタッフは，利用者から励ましの言葉を受けたり，利用者に自分たち自身の存在を受け止めてもらっているという実感を得ていました。認知症の人は，決して無力ではなく，ケアスタッフたちが苦悩しながら仕事に取り組んでいることを見守ってくれていて，時には褒めてもくれるのです。5人のケアスタッフは，十分にそのことを自覚していました。だからこそ，

やがて自分たちが認知症の人を励ますことのできる存在になりたいという夢を語ってくれたのです。

　優しい責任感のあるケアスタッフも，支えがないと燃え尽きてしまうことがあります。一生懸命で真面目だからこそ，気持ちに余裕がなくなることがあります。また，気持ちに余裕がなくなると，攻撃性が出てしまうことも起こり得ます。そのような残念な状況を避けるためにも，先輩職員からのちょっとした助言や，認知症の人からの励ましが必要です。人として，また専門職として成長していくためには，人に支えてもらうことが不可欠なのです。

5．認知症ケアにかかわる人々の話を伺って

　認知症ケアにかかわる人々は，認知症の人のみならず，認知症の人の家族，また認知症の人をケアするケアスタッフも含みます。決して，認知症の人だけが当事者ではありません。認知症ケアを共につくり上げる当事者として，認知症の人，認知症の人の家族，そして認知症の人をケアするケアスタッフが互いの声に耳を傾け，互いの気持ちを理解していくことが必要です。

　専門職は専門的知識を持っているのだから，その判断は絶対的に正しいものであり，専門的知識を持たない利用者は，専門職の決定に従うべきであると考えられていた時代がありました。しかし現在は，専門職の知識は利用者が望む生活を実現するために使うべきであって，専門職が中心的存在になるのは不適切であると考えられるようになりました。こうして，専門職が中心的存在である時代は終わろうとしています。

　振り子が反対側に振られ，今度は利用者主体の声の下，利用者こそが当事者であり，利用者の声に従うべきという主張がなされるようになりました。この考え方は，一見全うですが，認知症の人だけを当事者と考えるのは本当に適当でしょうか。認知症ケアは，認知症の人だけでつくり上げることはできません。認知症の人と家族介護者，ケアスタッフとの協働作業の下完成するものです。

　認知症の人の声を聴かないのは論外ですが，認知症の人の声を絶対的なもの

とし，それに振り回されるだけというのはやはり不適切です。家族介護者にも，人としての感情や今の生活があります。同様に，ケアスタッフにも，専門職という役割だけではなく，人としての感情があります。誰かが誰かの犠牲になったり道具になったりすることは，人と人の出会いという考え方から外れています。

　人間は社会的存在であり，人と人として出会うところに認知症ケアの本質があると，パーソン・センタード・ケアでは考えます。認知症の人を人として尊重するのと同様に，やはり家族介護者も人として尊重され，そして専門職も人として尊重されるべきでしょう。どちらかが一方的に強大な力を持つのではなく，素直に相手の言葉に耳を傾け，認め合っていくところから始めてみませんか。

引用・参考文献
1) 佐藤雅彦：認知症になった私が伝えたいこと，大月書店，2014.
2) 中村成信：ぼくが前を向いて歩く理由―事件，ピック病を超えて，いまを生きる，中央法規出版，2011.
3) ダイアナ・フリール・マクゴーウィン著，中村洋子訳：アルツハイマー病患者の手記―私が壊れる瞬間，DHC，1993.
4) ラリー・ローズ著，梅田達夫訳：わたしの家はどこですか―アルツハイマーの終わらない旅，DHC，1998.
5) クリスティーン・ボーデン著，檜垣陽子訳：私は誰になっていくの？―アルツハイマー病者からみた世界，クリエイツかもがわ，2003.
6) クリスティーン・ブライデン著，馬場久美子他訳：私は私になっていく―認知症とダンスを（改訂新版），クリエイツかもがわ，2012.
7) 関口祐加：毎日がアルツハイマー，パド・ウィメンズ・オフィス，2012.
8) 関口祐加：ボケたっていいじゃない，飛鳥新社，2013.
9) 神谷美恵子：生きがいについて，みすず書房，1966.
10) トム・キットウッド，キャスリーン・ブレディン著，高橋誠一監訳，寺田真理子訳：認知症の介護のために知っておきたい大切なこと―パーソンセンタードケア入門，筒井書房，2005.

【DVD】
『毎日がアルツハイマー』
『毎日がアルツハイマー2』

価格：各3,000円＋税
発売：シグロ
販売：紀伊国屋書店
※全国の書店，インターネットなどで好評発売中

第2章

パーソン・センタード・ケアの考え方

現在，認知症ケアの実践において，パーソン・センタード・ケアの考え方が重要であると言われています。パーソン・センタード・ケアは，分かりやすく表現すると，「その人らしさを大切にしたケア」ということになります。これをもう少し専門的に考えていくと，「その人を取り巻く人々や社会とのかかわりを持ち，人として受け入れられ，尊重されていると本人が実感できるように，共に行っていくケア」だと言えます。これは，英国ブラッドフォード大学認知症ケア研究グループの故・トム・キットウッド教授により提唱された，認知症ケアの理念です。この考え方が意味することを，少し掘り下げながら考えていきましょう。

1．パーソン・センタード・ケアの考え方が誕生した時代背景

　パーソン・センタード・ケアの考え方は，ポストモダン思想の流れから派生してきたものだと考えられています。モダン，つまり近代の次の思想ということですが，ポストモダン思想を理解するためには，それ以前のモダン思想の特徴を知っておく必要がありそうです。

■モダン思想の特徴

　モダン，つまり近代とはいかなる時代であったかというと，中世までの神の強い影響力から解き放たれ，一人ひとりの人間に焦点が当てられた時代であったと言えます。中世までは，一人ひとりの人間は，あくまでも共同体内の一員に過ぎず，その中で一人ひとりの個性が重んじられることは多くありませんでした。中世は，一人ひとりの個性以上に，共同体内の一員であることが重要視されていた時代であったと言えます。近代になって，一人ひとりの個性や人格が重要視されるようになってきたのです。

　また，それまで林檎の実が木の枝から落ちても，「神の思し召し」で済まされていたことが，神の影響力が弱まってきたことで，いろいろな事象の背景にある因果関係を探究していく姿勢が芽生えてきました。そこから万有引力の発見をはじめとする近代科学が起こってきたのです。

　この近代科学の隆盛の中で，客観的事実を重要視する考え方や，見る者と見られる者の関係が成立してきました。近代科学を牽引する科学者は，見る者として，自然現象や周囲の人々を眺めました。近代は，「個人」が誕生した時代であり，近代科学が万能視された時代であると言われています。しかし，ここで言う「個人」とは，成人男性だけを指しているのではないか，というのが，続くポストモダンからの問題提起でした。

　モダン思想では，無意識のうちに成人男性を個人の基準とし，そこから離れるほど異端として取り扱う傾向にありました。つまり，成人女性も高齢者も子どもも障害を持つ人も，皆個人の基準から外れていると理解されていたのです。

もちろん，認知症の人もです。

　また，この時代には，西洋の近代科学こそ，人類の進むべき方向性であると信じられていたことから，西洋こそが基準であり，発展途上国と言われる国々は「遅れた国々」と考えられていました。そこで近代科学の素晴らしさを広めるために，「遅れた国々」へのやや強引な植民地支配すらも正当化されたのでした。

■ポストモダン思想の特徴

　しかし第二次世界大戦後，文化人類学者らは，「発展途上国と言われる国々は，決して文明的に遅れた国々ではない」と主張しました。長いフィールドワークの末，その社会の文化・文明を理解すると，西洋社会とは異なるものの，その社会独自の素晴らしい文化・文明を確立していることが明らかにされたのでした。この主張は，西洋社会にとっては，とても衝撃的なものでした。それまでの西洋社会を絶対視していたものの見方が，覆されたのです。

　そして，同じ社会内からも，「女性は男性とは異なるが，女性も一人の個人である」と主張する女性が現れはじめました。同様に，高齢者も子どもも「高齢者や子どもは，成人男性とは異なるが，それぞれ一人の個人である」と主張しました。さらに，障害を持つ人も「障害を持っていても，一人の個人である」と主張しました。このように，それまでの成人男性を個人の基準とする考え方は相対化され，成人男性も個人の一人に過ぎない，とされはじめたのです。この考え方の転換により，これまで社会で当たり前と思われていたことを，一つひとつ見直すようになってきたのが，ポストモダン思想です。基準から外れた者は，異端者として社会の外側へ追いやられていた時代の在り方を問い直す，思想の転換が起きてきました。

　この考え方を認知症の人にも当てはめて展開したのが，トム・キットウッドです。

2．人であるとは〜人は社会的存在，コミュニケーションする存在

　トム・キットウッドは，「人間はコミュニケーションする存在である」と考え

ました。地球上にある人間社会のすべてには，「言葉」と「音楽」と「近親相姦の禁止」が存在することが知られています。これは，文化人類学者により明らかにされたことです。「言葉」は，まさにコミュニケーションのツールです。同様に「音楽」も，仲間と感情や一体感を分かち合うツールとなるものです。そして「近親相姦の禁止」は，親族間の交流の在り方を規定するものです。つまり，「言葉」と「音楽」，そして「近親相姦の禁止」は，個人間であれ親族間であれ，人間社会で必要となるコミュニケーションの在り方であるということです。

　このようなコミュニケーションの在り方が規定されていない人間社会はない，ということから，人間はコミュニケーションする存在，そして社会的存在であると考えられるのです。そしてトム・キットウッドは，「近代以前の中世においては，一人ひとりの個人は，やや共同体内に埋没してしまう傾向があったかもしれないが，それだからこそ，一人ひとりの個人を分かち合うのではなく，『我―汝』のようにかけがえのない，簡単に分かつことのできない関係の中に，それぞれの人間はあったのではないか」と考えました。

　トム・キットウッドは，「我―汝」と対比させ，「我―それ」の考え方を提示しています。「我―それ」とは，一人の人間が，ペンや消しゴムなどの物に対して愛着を覚えず，ただ対象物として扱うことを表します。たとえそれらをなくしても，大した精神的ダメージはないでしょう。それに対し，「我―汝」では，一人の人間が相手のことをかけがえのない存在だと感じており，相手のことを愛おしく思ったり心配したりするからこそ，他人事と割り切ることができず，自分自身の中で相手の存在が大きくなってくる関係の在り方を表します。

　「我―汝」の関係では，たとえ一方の人間が認知症などの病気になっても，もう一方の人間が相手の存在を大切に思い，何を伝えたいのかを自分のことのように感じ取ることで，簡単に社会的に孤立させる事態には至らないだろう，と考えます。そこでトム・キットウッドは，認知症ケアでは，コミュニケーションをいかに良好に保つかが最も重要な課題であると考えたのです。そして，認知症ケアの目的を，認知症の人を最後まで社会的存在として大切にすることととらえました。

3. コミュニケーションの2つの側面

　コミュニケーションには，2つの側面があります。1つは他者との交流という側面であり，もう1つは自己の内的な対話という側面です。コミュニケーションは，他者との間だけで交わされるものではありません。

■他者との交流

　他者との交流には，「焦点の定まらない相互行為」と「焦点の定まった相互行為」の2つのタイプがあります。

焦点の定まらない相互行為

　「焦点の定まらない相互行為」とは，同じ空間に2人以上の人間がいたら始まるコミュニケーションの在り方です。道路ですれ違う見ず知らずの2人の間にも，実はコミュニケーションがあるのです。例えば，遠くから歩いてくる人に気付いた時に，自分の知っている人かどうかをちらっと見て確認します。そして知らない人であったならば，特に目を合わすこともなくすれ違います。これを「儀礼的無関心」と言います。

　ここには，大切なメッセージがあります。もし，相手のことをジッと見つめてしまうと，「あなたのことを知っていますよ」「あなたに関心があります」というメッセージになってしまうかもしれません。逆に目を合わさないことにより，「あなたに関心はありません」「あなたにかかわるつもりはありません」というメッセージになります。このようなメッセージを無意識のうちに交換しながら，人々は相手の領域を侵すことなくやり過ごすことができるのです。

焦点の定まった相互行為

　もう一つの他者との交流を「焦点の定まった相互行為」と言います。これが，多くの人が考える一般的なコミュニケーションです。これは1対1であれ，複数人との間であれ，誰かに話し掛けていることを意識しながら行うコミュニケーションのタイプです。このように，他者との交流には2つのタイプがあるのです。

■自己の内的な対話

　コミュニケーションは他者とだけ交わしているのではなく，他者とコミュニ

ケーションを取っている時，同時に自分の内面において，自分自身との対話が始まっています。自己の内的な対話には，「何に意識の焦点を合わせるか」という側面と，その焦点を合わせたことに対し，「どのように意味解釈するか」という2つの側面があります。これを繰り返し循環させながら，自己の内的な対話が進んでいきます。

同じ空間に複数の人がいても，その全員が同じ事柄に意識を向けているとは限りません。例えば，同じ授業を複数の学生が受けている時，1人は熱心に講義の内容を聴いているかもしれませんが，ほかの1人は窓の外の景色に意識が向いているかもしれません。また別の1人は，昼食後であれば，おなかがいっぱいでその気持ち良さに意識が向いているかもしれません。さらにほかの学生は，携帯電話にメールが送られてくるかどうかに関心が向いているかもしれません。

また，焦点を合わせたことに対する意味解釈も，人により異なってきます。例えば，友達から「分かった」と携帯電話のメールの返信があった時に，「あぁ，分かってくれたんだ」と考える人もいれば，絵文字も使わずに「分かった」とだけ書いてある文章に，「気を悪くさせたかなぁ。怒っているんじゃないかな？」と心配をしてしまう人もいます。同じ「分かった」という一文に対しても，意味解釈はいろいろ分かれてしまうのです。

「怒らせたかなぁ」と心配になった人は，慌てて「ごめん。もしかしたら，怒っている？ 私のメールがまずかったら謝るね」と送信するかもしれません。その時，相手が怒っていなければ，「別に怒っていないよ」と返信があるでしょう。そして，そのような短い簡潔なメールが送られてきたことに対し，「あぁ，やっぱり怒っているみたい…」と，さらに心配してしまう人もいるのではないでしょうか。実際に怒っているかどうかは，相手にしか分からないことです。

■相手とのコミュニケーションのずれ

さて，前述したように，コミュニケーションには他者との交流という側面と，自己の内的な対話という側面があります。2人の人間がコミュニケーションを取っている時，相手とだけ交流しているのではなく，それぞれの内面において自己の内的な対話がなされているため，同一の内容を話しているようでありな

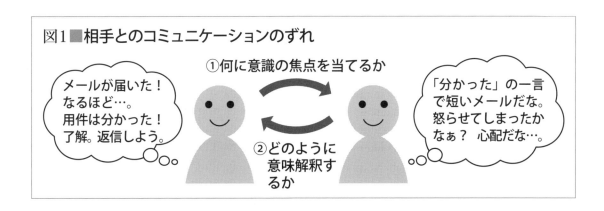

図1 ■相手とのコミュニケーションのずれ

がら，それぞれの解釈はずれているかもしれません（**図1**）。相手の頭の中で考えられていることを，そのままこちらが読み取るということは，簡単そうでありながら，なかなかできることではありません。知らず知らずのうちに，コミュニケーションにはずれが生じてしまうのです。

■非言語的コミュニケーションが相手に及ぼす影響

　また，同じ空間に2人以上の人がいる時には，意識しなくてもすでにコミュニケーションは始まっていると述べました。仮に，自宅で家族と喧嘩をしたため，少しイライラしながらフロアで掃除をしている介護スタッフがいたとします。このスタッフは，利用者には話し掛けていないし，自分の気分の悪さをほかに当たり散らしてはいないと思っていますが，同じ空間にいる利用者は，「どうやら気分を悪くすることがあったらしいな。今日は機嫌が悪いな。頼み事をしにくいなぁ」と感じているかもしれません。非言語的コミュニケーションを通し，スタッフのイライラは伝わってしまっている可能性があるのです。逆に，心穏やかなスタッフが何も言わずに，同じ空間でニコニコしながら記録を書いていたら，利用者は「あぁ，何かあったら声を掛けられる。とても穏やかな人がいてくれて安心だなぁ」ととらえるかもしれません。

　心穏やかなスタッフが同じ空間にいるだけで，精神安定剤一錠に匹敵するほどの安心感を利用者に提供することになる一方，イライラしているスタッフが同じ空間にいるだけで，大きな精神的プレッシャーを利用者に与えることにもなるのです。介護保険施設に入所している認知症の人の中には，このようなコミュニケーションの読み解きにはとても長けている方が多いようです。その日のスタッフの言動により，利用者の表情は大きく異なってきます。

4．トム・キットウッドによる「認知症の人」の理解

　それでは次に，トム・キットウッドが考えた「認知症の人」の理解について説明します。認知症の人は，①脳に障害がありますが，それだけではなく，②身体の健康状態や五感の状態，③その人の生活歴，④その人の性格傾向，⑤周囲の人々との人間関係の5つの要素が影響し，認知症の人の思考や行動や態度が形成されると，トム・キットウッドは考えました（**表1**）。

■脳の障害

　認知症が脳の障害によるものであることは事実です。それゆえに，記憶障害があり，時間や場所や人間関係のつながりの感覚を喪失しやすい見当識障害に陥ったり，うまく服が着られなくなったり，物の見え方が通常とは異なってきたりすることもあります。また，以前はできていたことができなくなることもあります。このように，脳の障害の影響は生活の至るところに出てきて，認知症の人自身がとても不自由さを感じていることでしょう。しかし，この脳の障害だけが，認知症の人の生活を脅かしているわけではありません。

■健康状態や五感の状態

　高齢者ケアの現場では，よく「入り口と出口の問題に気を付けなさい」と言われます。入り口とは，口腔のことです。入れ歯が噛み合わず口内炎ができていると，高齢者は途端に食事を口にしなくなります。すると，すぐに脱水が起こります。脱水が起こると，認知症がひどくなったように見えることがあります。

　また出口とは，排泄に関することです。便秘が続き，下腹部が張り，不快に

表1■認知症の人の思考・行動・態度を形成するもの

①脳の障害
②身体の健康状態や五感の状態
③その人の生活歴
④その人の性格傾向
⑤周囲の人々との人間関係

なるとジッとしていられなくなり，歩き回る高齢者がいます。おなかが張って不快だからジッとしていられない，という自己分析はできないものの，突き動かされるように歩き回ることがあります。また，尿路感染症にかかった高齢者が，1時間のうちに10回も20回も呼出コールを鳴らし，「トイレへ連れて行って！」と訴えることがあります。これは，少し前にトイレへ行ったことを忘れて，再度トイレへ連れて行ってほしいと訴えているのではなく，尿路感染症にかかっているために，尿道に感じるむず痒さを尿意と取り違え，繰り返しトイレへ連れて行ってほしいと訴えていると理解する方が適切でしょう。しかし，実際にはトイレへ行っても尿は出ないため，介護者は「もう！　どうせ出ないんでしょ！」と，その高齢者の訴えを無視するという対応に陥りやすくなります。これは，尿路感染症を治さないことにはなくならない訴えです。

　さらに，高齢になると視力や聴力にも変化が起こります。見えにくく，また聞こえにくくなるからこそ，情報が適切に伝わらず，誤解を招くこともあります。高齢者の思考や行動には，このような身体の健康状態や五感の状態も影響しているのです。

■生活歴

　認知症の人の中には，今の生活と過去の生活を混同し，今の生活を過去の生活に即して理解していることがあります。この時に，過去のその人の生活歴を知っておけば，なぜそのような行動を取っているのかを理解することができます。そして，理由が分かれば対応法も見えてきます。以前，小学校の用務員を務めていたある認知症の人は，夜中に目が覚めると，「バケツの水を用意しなきゃ！　教頭先生に怒られる！」と大騒ぎすることがありました。この方が小学校の用務員をしていた時の教頭は大変厳しい方で，朝一番にすべての教室にバケツの水を用意しておかなければ叱られたそうです。それゆえに，夜中に目が覚めると「バケツの水！」と慌てたのでした。

　その理由が分かった介護者は，「今日は，私がバケツの水を用意しておきますね」とか，「今日は日曜日で教頭先生がお休みの日ですから，ゆっくり休んでくださいね」と対応するようになりました。本人の生活歴を知ることにより，

その人にふさわしい応対ができるようになっていきます。

■性格傾向

　本人の生活歴だけではなく，本人のもともとの性格傾向も，その人の思考や行動に大きな影響を与えます。もともと社交的な人であったのか，あるいは人見知りをする人であったのかにより，人とのかかわり方が大きく異なってくるでしょう。認知症になる前の性格が潔癖症で，自分の落ち度を認められない性格の人は，もし認知症になってトイレでうまく排泄ができず，下着を汚してしまっても，それをそのまま洗濯物として出すことができないかもしれません。恥ずかしいからこそ，誰にも言えず，そっとたんすの中に仕舞ってしまうのでしょう。それは，清潔な物と不潔な物を区別できないから仕舞ってしまうのとは異なります。本人の気持ちを否定しないかかわり方が求められます。

■周囲の人々との人間関係

　本人を取り囲む周囲の人々との人間関係も，認知症の人の思考や行動や態度に影響を与えます。もし，認知症の人の失敗をあからさまにすることなく，さり気なく対応することができたら，認知症の人はプライドを傷付けられる心配をせずに済みます。一方，ちょっとしたミスを取り上げ，大げさに叱責してしまったら，ますます認知症の人は混乱し，やり切れない気持ちになるでしょう。それが，次の新たな失敗を生み出すきっかけになるかもしれません。

＊　＊　＊

　認知症の人の思考や行動や態度は，脳の障害だけで決まるのではなく，身体の健康状態や五感の状態，その人の生活歴，その人の性格傾向，そして周囲の人々との人間関係というすべての要素が合わさって，形成されてくるものと考える方が適切です。

5．トム・キットウッドが考えた認知症の人の心理的ニーズ

　アルツハイマー型認知症の人をはじめとする認知症の人は，時間・場所・人間関係のつながりを喪失しやすい見当識障害に陥ることがあります。そのよ

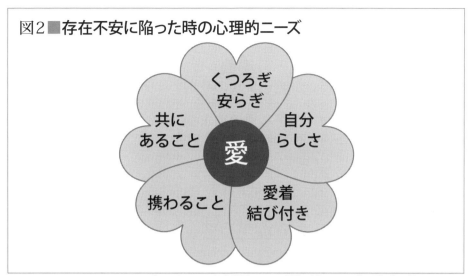

図2■存在不安に陥った時の心理的ニーズ

ブラッドフォード大学編：DCM（認知症ケアマッピング）第8版マニュアル．

な時は，私たちが初めて訪れた町で行き先が分からなくなり，迷子になってしまったような心許ない気持ちになった時と同じ心情を抱えているのではないでしょうか。

そのような気持ちを，「存在不安に陥る」と表現します。周りに人は大勢いても，知らない人ばかりで，頼ることもできず，一人迷子になってしまったような気持ちになることを言います。そのような時に，人は「愛」を中心とし，「くつろぎ・安らぎ」「共にあること」「携わること」「愛着・結び付き」「自分らしさ」という心理的ニーズが生ずると，トム・キットウッドは考えました（**図2**）。愛は，狭い意味での恋愛感情ではなく，「存在そのものを受け止めること」という意味を表します。

このような心理的ニーズは，実は何も認知症の人だから求めるものではありません。認知症のない人であっても欲するものです。しかし，認知症のない人は，自分が何を欲しているのかを自己分析でき，そしてその調達手段も理解しており，自分でそれを補うことができます。例えば，誰に電話をかければ話を聞いてもらえるかとか，嫌なことがあったら部屋にこもって大きな音で音楽を聴き続けると気持ちが落ち着くなど，それぞれ自分が欲していることを自己分析し，調達することができるでしょう。

それに対し，認知症の人は，自分が何を求めているのか，またどうすればそれを調達できるのかを自己分析することが苦手です。それゆえに，認知症の人

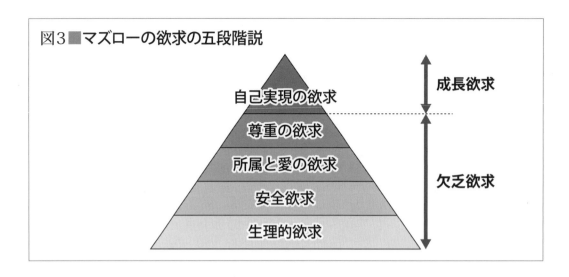

の求めていることを察し，本人に代わってそれを提供していくことが，認知症ケアに携わる人には求められるのです。

認知症の人は，「くつろぎ・安らぎ」「共にあること」「携わること」「愛着・結び付き」「自分らしさ」において，求めるものがそれぞれ異なってきます。その人にとっては何が「携わること」として適切でしょうか？　また，何が「くつろぎ・安らぎ」をもたらすでしょうか？　このようなことを普段から探していくことが重要となります。

6. マズローの欲求の五段階説とパーソン・センタード・ケアの考え方

■マズローの欲求の五段階説

看護や介護福祉の実践では，マズローの欲求の五段階説（図3）に基づいて，人間の欲求の説明がなされることが多いでしょう。マズローの欲求の五段階説では，最も下位の欲求が満たされると，次の欲求が発現してくると考えられています。

最も基本となるのは「生理的欲求」であり，続いて「安全欲求」がきます。そして次に「所属と愛の欲求」がきます。その上に，「尊重の欲求」が起こります。そして最後に，「自己実現の欲求」が現れると考えられています。

1番下の「生理的欲求」から，上から2番目の「尊重の欲求」までを，欠乏

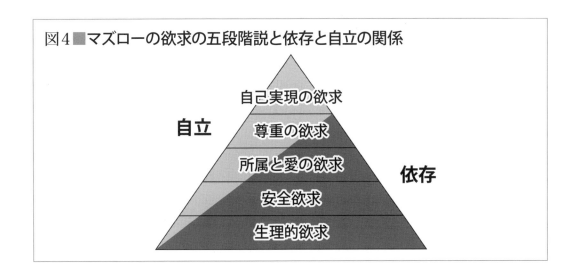

図4■マズローの欲求の五段階説と依存と自立の関係

欲求と言います。それは,「生理的欲求」「安全欲求」「所属と愛の欲求」「尊重の欲求」は,ある程度自分自身で満たすことができるものの,周囲から提供されることでより満たされるものであることから,欠乏欲求と命名されているのです。それに対し,「自己実現の欲求」は,欠乏欲求が満たされた後,自分自身が望む自分らしい在り様を目指していくことで欲求が発現してくるという意味で,成長欲求と言われます。

マズローの欲求の五段階説と,自立と依存の関係を見ていくと,欠乏欲求が満たされるまでの過程では,依存がとても大きな意味を持つものだということが分かってきます(**図4**)。欠乏欲求は,自分自身だけではなかなか満たすことができないからこそ,周囲との関係の中で満たされていく必要があるのです。その時に,周囲との関係にある程度依存していないと,欲求は満たされません。

そして,「自己実現の欲求」は,それまでの依存を基盤とし,その上に自立という形で現れることが分かります。もし,全く依存がなかったら,「自己実現の欲求」という自立の形態が現れてくるのは,非常に難しくなるのではないでしょうか。自立と依存は相反するものではなく,依存を基盤としつつも,やがて自立の比重が高まってくると理解するのが適切なのかもしれません。

■マズローの欲求の五段階説から考えるパーソン・センタード・ケア

前述したように,パーソン・センタード・ケアは,「その人を取り巻く人々や社会とのかかわりを持ち,人として受け入れられ,尊重されていると本人が

実感できるように，共に行っていくケア」と説明されます。これを，**図4**のマズローの欲求の五段階説と依存と自立の関係で見ていくと，欠乏欲求の段階では，周囲から十分に尊重され，精神的な支えを得て，各欲求が充足されていくことが必要となります。そして，欠乏欲求が満たされた後に，それまでの支えられている関係を基盤とし，本人が望むような自分らしさを形にしていく段階である成長欲求へと発展していくものと考えられます。この段階まで至るには，やはり介護者と本人とで，共につくり上げていくことが必要となってきます。十分に尊重され，支えられているという安心感があるからこそ，自分らしさを探求していくことができるのでしょう。

　これまで，依存というとあってはならないことのように思われてきた節があります。しかし，全く依存を介さずに自立に至ることの方が，むしろ不自然なことであるかもしれません。ただ闇雲に「頑張ってくださいね。自分でやらないとできなくなっちゃいますよ！」と励ますのではなく，精神的に寄り添い，共に行う姿勢が感じられた時に，初めて当事者のやる気と自立心が芽生えてくるのではないでしょうか。

7．社会構築主義と本質主義の考え方

■社会構築主義の考え方

　ポストモダン思想は，それまでの男性成人を基準とするものの考え方を相対化する思考法を取りました。このように物事を相対化し，絶対的なものの見方を批判する立場を取ってきたのです。このような考え方や立場から，社会構築主義の考え方は生まれました。

　社会構築主義とは，社会に存在するすべての事実は人間の頭の中でつくり上げられたものであり，その思想を離れては存在しない，とするものです。つまり，絶対的な客観的事実というものは存在しない，とする考え方です。これは，極論のように思われるかもしれません。しかし，人間は物事を考える時に言葉を用います。その言葉や物事の意味は，人間自身が考えたものであります。そ

図5 ■自己の意識世界というフィルターを通して世界を見ている

毎日とても楽しいなあ。あの遠くの山もまるで燃えるようだなあ。本当に素敵な毎日だな。

①何に意識の焦点を当てるか
②どのように意味解釈するか

の言葉や意味を手掛かりに思考する限り，絶対的に客観的な物事など存在しない，と考えたわけです。

　コミュニケーションには2つの側面があることを説明しました。他者との交流という側面と，自己の内的な対話という側面です。ここで，別の角度からの社会構築主義を説明すると，「すべての個人は，自己の内的な対話を通し，自分自身の意識世界を形成しており，その自己の意識世界というフィルターを通して世界を見ている」と考えられます（**図5**）。

　「山河燃ゆ。山河泣く」という表現があります。同じ山を見ている2人のうち，1人は気持ちが晴れやかであったため，その人の目には，山河は燃えるように勢いがあるものに映りました。もう1人は，悲しい出来事があり，少し沈んだ気持ちで山河を眺めていました。その人の目に映る山河は，まるで泣いているようでした。このように，同時に同じ物事を見ていても，それを見る人の心情や意識世界が投影されるからこそ，誰から見ても普遍的かつ絶対的な世界は存在しないと，社会構築主義は考えたのです。

■本質主義の考え方

　このような社会構築主義に対し，「物事の本質には普遍的な要素があり，その本質を持って客観的事実をとらえることができる」とするのが，本質主義の考え方です。認知症ケアでは，長い間，脳の障害をその本質とし，継続的な知能の低下を呈する状態である，と理解されてきました。まさに本質主義によって，認知症ケアは説明されてきたのです。

■トム・キットウッドの認知症のとらえ方

　それに対し，トム・キットウッドは，社会構築主義の立場を取り，「脳の障害も一つの要素だが，それだけでは認知症の人の状態は決まらない。また，他

者との交流の在り方により，認知症の人の様子は変わってくるものである」と説明したのです。自然科学の世界では，本質主義的なものの見方が一般的であり，社会構築主義の見方は，ただの言葉遊びに過ぎないととらえられるところがあります。しかし，ただの言葉遊びではなく，本当はとても大切なことを説明しようとしているのではないでしょうか。

■本質主義の考え方がもたらす認知症の人へのレッテル貼り

　一つの世界に，唯一絶対のものの見方は存在しないとすると，認知症ケアの現場で起こっている現象には，介護者から見える世界という側面と，認知症の人から見える世界という側面があるのかもしれません。また，複数の介護者がいる場合には，さらに複数の世界が存在するかもしれません。

　このように，複数存在する意識世界の中で，どれかが唯一絶対の正解というものではない，とするのが社会構築主義の考え方です。しかし，実際の人間社会には力関係が存在し，介護者と認知症の人では，介護者が優位な立場になりやすいでしょう。そこで優位な立場にある者は，自分自身の意識世界で見えるものを，あたかもそれが絶対的なものの見方であるかのように語ります。そして，数人の介護者でそのような世界観が共有された時，それは覆しがたい支配的な物語（これをドーミナントストーリーと言います）となっていきます。

　このような支配的な物語は，いつしか「いつも"家に帰りたい！"と言って泣き出す困ったお婆さん」とか，「いつもお風呂を嫌がる困ったお爺さん」というようなレッテル貼りにつながっていきます。そして，一度貼り付けられたラベルは，客観的事実のように一人歩きを始めるのです。このようなレッテル貼りの構造に陥ると，レッテルを貼られた方もレッテルを貼る方も，そのレッテルにとらわれたものの見方しかできなくなります。自由に物事を見つめ直すことが，難しくなってくるのです。

　このような硬直した状況を柔軟にとらえ直し，ケアを見つめ直していくには，介護者自身が自分のものの見方を相対化し，再構築していく必要がありそうです。言葉の使い方一つにも注意を払い，できることなら温かみのある言葉を選び使っていくことで，少しずつ意識世界が変わっていくのではないでしょうか。

■特定の誰かを悪者にしない

　うまくいかない状況を分析する時に，特定の悪者を想定し，その人に責任を擦り付ける方法は，本質主義的な発想です。この悪者として，行動障害がある認知症の人や，ほかのスタッフと考え方が合わない介護者が標的となることがあります。その悪者さえいなくなれば，きっとうまくいくはずと考えがちですが，実際にはそのようにうまくいくことはありません。標的となった人がいなくなったら，一時的に良くなったように見えても，しばらくするといつもの雰囲気に戻っていきます。

　うまくいかない状況を，特定の人物の責任とするのではなく，コミュニケーションを重ね，それまでに出来上がっていた硬直した支配的な物語を，気持ちの通い合う優しい物語へ編み直していくことが必要です。気持ちが通い合う優しい物語には，特定の悪者は存在しません。その状況にかかわるすべての人が，大切な存在とされています。パーソン・センタード・ケアでは，この「特定の悪者を想定し，その人に責任を負わせる」という発想から脱却していくことを目指します。

8．ケアする人にも，パーソン・センタード・アプローチを

　認知症の人にレッテル貼りをしている介護者に，悪意があるわけではありません。確かに，認知症の人には記憶障害があるし，出来事を勘違いして認識してしまうこともあるでしょう。認知症の人に何度説明しても，理解してもらえないこともあります。そのような状況でケアをしている時に，介護者と認知症の人の意識世界が噛み合わず，ややギクシャクしてくることもあるでしょう。どうすれば理解し合えるのかが分からず，苦悩している介護者も少なくありません。

　記憶障害があってもなくても，2人以上の人間が互いを深く理解していくことは，容易なことではありません。言葉が通じ合い，分かり合っていると思っている家族同士でさえも，たびたび誤解することがあるのですから。

　もし，認知症の人と介護者が噛み合わず，つらい状況に陥っているとしたら，

どちらか一方の見方で物事をとらえるのではなく，それぞれがどのようなものの見方をしているのかを探っていく必要がありそうです。認知症の人からは，どのように物事が見えているのか。また介護者は，どのように物事を見ているのか。その双方を探った後に，どうすればそのすれ違いを埋めていくことができるのかを，介護者と話し合ってみるとよいでしょう。

　正義感を振りかざし，「認知症の人の味方にならなければ！」と意気込んで，認知症の人の代弁者になり，介護者を論破したところで，ケアが良くなることはないでしょう。それぞれの介護者には，その人なりのものの見方や考え方があり，それに基づきケアをしています。たとえ，それが不十分に見えても，その介護者ができる範囲内でケアを行っているのです。一方的に非難する前に，その介護者に対し労いの言葉を掛け，今の状況で何か困っていることはないかを尋ねてみるとよいでしょう。困っていることを聞き出し，それを解決していくための道筋を一緒に考えるお手伝いをするというのが，適切な支援法ではないでしょうか。ケアする人に対しても本質主義的なものの見方をしない，ということが重要となります。「あの人には，きっと悪意があるに違いない」「あの人は，少し意地悪なところがあるから」と決め付けてかかるのではなく，介護者の困っていること・感じていることを，本人に聞いてみるところから始めるとよいでしょう。

9．不適切なケアが生じてくる背景

■意味解釈の偏りが生じやすい時

　コミュニケーションには2つの側面があることは，すでに説明しました。繰り返しになりますが，このコミュニケーションの2つの側面のうち，自己の内的な対話には，「何に意識の焦点を合わせるか」という側面と，その焦点を合わせたことに対し，「どのように意味解釈するか」という2つの側面があります。対人関係がうまくいかない場合，この自己の内的な対話に偏りが生じている可能性があります。特に，「どのように意味解釈するか」という側面におい

ては，気持ちに余裕がある時は，バランス良く物事をとらえることができますが，一度精神的なバランスを崩すと，ひどく偏った解釈に陥っていくことがあります。

それでは，どのような時に偏った意味解釈を起こしやすいのか，考えてみましょう。まず，疲れている時には，物事をつい悪く考えすぎてしまう傾向が多くの人に現れます。また，周囲の人との人間関係がうまくいかず孤立している時には，一人で考えすぎて余計に悪い思考に陥ってしまうことがあるでしょう。処理しきれない仕事量を抱え，精神的に余裕がなくなっている時にも，バランス良く物事を考えるのは難しくなります。そして，その物事に対する知識や経験が不足している時にも，バランス良く考えることはできません。

このような時に，多くの人はバランス良く物事を意味解釈することができず，つい悪い方へ考えてしまうのです。

■事例①：パーキンソン病による振戦を理解していないケース

これは，ある施設のパーキンソン病を患った利用者と介護者の事例です。

その利用者の手には振戦が見られ，時々食事中にスプーンを落としていました。ある介護者は，いつもほかの方の食事介助中にその利用者がスプーンを落とすことについて，介護者の気を引きたくてわざとスプーンを落とすのだと意味解釈しました。食事の時に，一度その利用者がスプーンを落とすと，「もう！忙しい時に，気を引きたくてわざと落とすんだから！　今度落としたら拾ってあげないよ！」と言って，スプーンを手渡しました。利用者は，迷惑を掛けてはいけないとの思いから緊張してしまい，余計手の振戦は強くなっていきました。介護者は，またその利用者がスプーンを落とすのではないかと考え，チラチラ横目でその利用者を見ています。わざとスプーンを落とすのではないかと意味解釈しているからこそ，余計その利用者がスプーンを落とすかどうかに焦点を当ててしまっているようでした。そして，緊張から再度その利用者がスプーンを落とした時，イラッとしながら「ほら！　また！　わざと落とすんだから！」と，介護者は大きな声を上げていました。

この事例では，パーキンソン病の主要な症状を理解していないという知識の

不足も大きく影響しているでしょう。また,「利用者は,介護者の気を引きたくてわざと困った行動を起こす」という思い込みが,意味解釈を偏らせています。知識を得て,気持ちの余裕が持てると,同じ状況を見ても,意味解釈は大きく変わってくるものです。

■事例②:「支配的な物語」に影響を受けているケース

次は,ある精神疾患を患った利用者と,その人にかかわる介護者の事例です。

その精神疾患を患った利用者は,いつも便秘気味で腹部の不快さを抱えていました。また,その利用者は,施設で「いつも他人の気を引きたくて困った行動をする利用者」と見られていました。

その利用者が,ある日の昼食後に急に便意を催し,便失禁をしてしまいました。その後,介護者はすぐにおむつ交換をしたのですが,悪いことに,その直後にもまた便失禁をしてしまいました。再び介護者はおむつ交換したのですが,また悪いことに,さらに便失禁をしてしまいました。ついに介護者は,「もう！ わざとそういうことをするんだから！ 今度やったら交換してあげないよ！」と,強い口調で利用者に言いました。

この事例では,施設の中でこの利用者に対し,「いつも他人の気を引きたくて困った行動をする利用者」という支配的な物語（ドーミナントストーリー）が出来上がっており,それに従って介護者は,「やっぱり気を引きたくて,便失禁しているんだ！」と意味解釈してしまったようです。この施設には,看護師も勤務しています。きちんとした専門性が備わっている看護師であっても,つい利用者の日頃のイメージから,「いつも他人の気を引きたくて困った行動をする利用者」と,ほかの職員と同じように考えてしまっていたようです。一般的な看護師としての知識があれば,このようなケースでは,下剤の影響があるのではないかと考えるでしょうが,まさに渦中にいる時には,その事例を支配する物語に強く影響を受けてしまっているようでした。

■不適切なケアの背景

不適切なケアが生じてくる背景には,一人ひとりの介護者が気持ちの余裕が持てなかったり,場合によっては,ほかの介護者から孤立し,一人で困った状

況を抱え込んでいたりすることがあります。また，知識や経験が不足していて，バランス良く状況を意味解釈することができないこともあります。

　さらに，その介護現場で，認知症の人の行動などを介護者側から一方的に意味解釈し，「困った利用者」というようなレッテル貼りをしている場合は，その人が少しでも困った行動をした場合，その理由を探っていこうとする前に，「ほら！　いつもの行動が始まった！」と決め付けてしまうことがあります。そのようなことの連続で，いつしか「認知症の人は，みんなそうだから」「認知症の人たちは，すぐ困った行動を取るから」というステレオタイプなものの見方に支配されていきます。このような見方に支配されている意識世界で認知症の人を見ているからこそ，認知症の人は問題だらけの存在に映ってしまうのです。そして，そのような閉鎖的な意識世界の中で，介護者自身も認知症ケアに疲弊していってしまうのです。

10. ケアワーカーの仕事

■ケアワーカーの3つの仕事

　ケアワーカーの仕事は，大きく「ケア」「作業」「連絡・調整」の3つに分けられます。「ケア」は，直接利用者にかかわる仕事です。ケアには，食事，排泄，入浴などの介助やコミュニケーションなどが含まれます。また，見守りもこのケアに含みます。「作業」は，直接利用者にはかかわらない仕事で，ケアに付随して生じてくる仕事を言います。例えば，歯磨きという行為自体は口腔ケアですが，歯ブラシの準備をしている時は，利用者に直接かかわっていないので作業です。「連絡・調整」は，介護職同士の申し送りや他職種との打ち合わせ，利用者の家族への連絡などが含まれます。

　このように，ケアワーカーの仕事を3つに区分した時，ケアワーカーが最も優先すべき仕事は何でしょうか？　どれも大切な仕事ではありますが，優先順位を付けるならば，最も優先すべきことは「ケア」です。

■仕事の優先順位の付け方

例えば，次のような場面で，ケアワーカーはどのように行動すべきでしょうか？

> ユニットケアを行っているある施設で，昼食後に介護者Aさんは，皿洗いをしていました。その時，利用者Bさんから「お姉さん，悪いがトイレへ連れて行って」と頼まれました。Bさんはおむつを使用している方です。

このような状況では，皿洗いの手を止めてトイレへ誘導するのが，本来のケアワーカーの仕事の優先順位の付け方です。皿は逃げることはありません。しかし，おむつを使用している方に対しては，つい優先順位の付け方がずれてくることがあります。優先順位がずれている施設では，「ごめんなさい。後でおむつを交換しますから，今はおむつの中に出しておいていただけますか？」と利用者にお願いすることがあります。しかし，これは本来避けるべき支援の在り方です。

ケアの中でも緊急性が高く，すぐに対応しなければならないのが「転倒リスクの高い方の立ち上がりへの対応」と「排泄ケア」です。排泄は我慢することが難しいため，後回しにしてはなりません。

それに対して作業は，利用者に直接かかわることではないので，後に回すことができます。忙しい時間帯には行わず，手が空いた時に行えばよいのです。

■「作業」を「ケア」に置き換える

1日の生活の流れを振り返ってみた時に，どれだけ「ケア」を中心にしていられたでしょうか。「ケア」と「作業」を区分した時に，介護者だけで食事の配膳をしていれば「作業」ですが，利用者と一緒に行っていれば，それは「ケア」になります。同じく，介護者だけで掃除をすれば作業ですが，利用者と共に行えばケアと言えます。いかに作業をケアに置き換えることができるかが，「ケアの専門性」の見せどころです。作業からケアに置き換えるには，一人ひとりの利用者の「できること」「できないこと」を見極め，さらにどのような支援があれば「できるのか」を探求していかなければなりません。

認知症の人と一緒に行うのは大変だからと，自分一人だけで調理や掃除を行っているのだとしたら，それはあまり専門性の高くない作業をこなし続けて

いるに過ぎません。確かに、認知症の人と一緒に調理や掃除をすることは容易ではないでしょう。しかし、ケアワーカーの仕事は、一人ひとりの利用者の持っている力を引き出し、その方自身の力を活用しながら、より良く生きる支援を行うことでもあります。

　1日の生活の流れの中で、ケアが占める割合が高くなってくると、自然と「利用者と共に過ごす時間」が増えていきます。ケアは、直接利用者にかかわることだからです。ケアは、「後回しにしない、急かさない、ゆっくりと丁寧に」が基本です。それに対し、作業は「効率的に、短時間で、素早く」が基本です。この違いを明確にし、適切に支援ができるようになってくると、「ドタバタして時間がない！」という状況が、少しずつ変わっていきます。

■「業務中心の生活支援」から「利用者中心の生活支援」へ

　パーソン・センタード・ケアの理念の中で、「業務中心の生活支援」から「利用者中心の生活支援」へ、という支援の在り方の転換が掲げられています。ここで言う業務中心とは、施設で決めたスケジュールに利用者の生活を無理やりはめ込んでいくことで、特に排泄ケアについて、定時のおむつ交換をしている場合、典型的な「業務中心の生活支援」の形態であると言えます。

　排泄のリズムには個人差があり、それを施設の決めたスケジュールに合わせるのは、利用者中心の生活支援から最もかけ離れた在り方と言えるでしょう。排泄ケアの方法を、定時のおむつ交換から随時のトイレ誘導へ切り替えることができると、利用者中心の生活支援に大きく近付いていきます。排泄ケアの在り方が、その施設の支援形態を大きく規定するからです。そして、さらに一つひとつの作業を見直し、ケアへ置き換えていけると、利用者中心の生活支援を確立していくことができるでしょう。

11. 不適切ケアから適切なケアへの転換

　英国ブラッドフォード大学の認知症ケア研究グループは、『認知症ケアマッピング第8版マニュアル』において、認知症の人に心理的ニーズに即して、認

知症の人への不適切なケアと適切なケアを対比させ，解説しています（**表2**）。

表2は，必ずしも1対1で対応するものとは限りません。また，正反対の概念というわけでもありません。介護現場で認知症ケアに携わる時に，起こしやすい不適切なケアを，どのような方向性へ転換していけるとよいのか，その方向性を示す指針として考えていけばよいでしょう。

本書第3章（P.69）では，実際に，認知症ケア現場で見られる「不適切なケア」の場面を取り上げ，なぜ，そのかかわりが不適切であるのかを解説していきます。また，その場面を適切なケアに置き換えた場合も見ていきます。そこでも，なぜそのかかわりが効果的であるのかを解説していきます。

12. 人と人として，響き合うこと

トム・キットウッドは認知症ケアの目的を，「認知症が進行しても，周囲からの支えを得て，最後まで認知症の人が社会的存在であり続けること」と考えました。認知症が進行していっても，最後まで「人」であり続けることが大切だ，と考えたのです。同様に，認知症ケアに携わる専門職も，専門職である前に一人の「人」であることが前提になってくるのではないでしょうか。認知症ケアに携わる人が，認知症の人とのコミュニケーションをあきらめることなく，粘り強く継続していくことで，認知症の人は，最後まで社会的に孤立することなく存在し続けることができるのです。

コミュニケーションは，言語的コミュニケーションだけを指しているのではありません。同じ空間を共にするだけでも，コミュニケーションは始まっています。同じ空間で互いの存在を感じ，さらにそこに共に楽しめる音楽をかけながら，時々目を合わせて微笑み合う——。それだけでも，素晴らしい心の響き合いが始まります。

ミルトン・メイヤロフは，「援助を受ける人の自己実現を達成する過程にかかわる中で，援助者自らの自己実現も達成される時，ケアは完成する」と述べました。これは，ケアは決して援助者の犠牲の上に成り立つのではなく，ケア

表2 ■ 認知症の人への不適切なケアと適切なケアの対比

【くつろぎ・安らぎ】に関すること

【くつろぎ】のニーズを阻害し, その人らしさを損なう行為	【くつろぎ】のニーズを満たし, その人らしさを高める行為
怖がらせる	思いやり, 優しさ, 温かさ
後回しにする	包み込むこと
急がせる	リラックスできるペースを大切にすること

【自分らしさ】に関すること

【自分らしさ】のニーズを阻害し, その人らしさを損なう行為	【自分らしさ】のニーズを満たし, その人らしさを高める行為
子ども扱いする	尊敬すること
レッテル貼りをすること	受け入れること
侮辱すること	喜び合うこと

【愛着・結び付き】に関すること

【愛着・結び付き】のニーズを阻害し, その人らしさを損なう行為	【愛着・結び付き】のニーズを満たし, その人らしさを高める行為
非難すること	尊重すること
騙したり, 欺いたりすること	誠実であること
分かろうとしないこと	共感を持って分かろうとすること

【携わること】に関すること

【携わること】のニーズを阻害し, その人らしさを損なう行為	【携わること】のニーズを満たし, その人らしさを高める行為
能力を使わせない	能力を発揮できるようにすること
強制すること	必要とされる支援をすること
中断させること	かかわりを継続できるようにすること
物扱いすること	共に行うこと

【共にあること】に関すること

【共にあること】のニーズを阻害し, その人らしさを損なう行為	【共にあること】のニーズを満たし, その人らしさを高める行為
差別すること	個性を認めること
無視すること	共にあること
のけ者にすること	一員として感じられるようにすること
あざけること	一緒に楽しむこと

ブラッドフォード大学編:DCM(認知症ケアマッピング)第8版マニュアルより,引用,改変

を受ける人の自己実現を達成しながら，同時に，援助者も自分自身が目指す自分らしい在り方を探求していくことで完成するのだということです．

　認知症の人が望む，自己実現とは何であろうか？　どうすることが，この人の望む自分らしい姿なのだろうか？　それを知るには，まずは本人に聞いてみることです．そして，もし本人が言葉で自己表現することが難しいのなら，その人のことをよく知っている家族などに聞いてみるのもよいでしょう．そのようなことを試行錯誤しながら探求し続け，その過程において，専門職としても人間としてもさらに成長し，自らが目指す自分らしい姿に近付いていくことで，認知症ケアは完成します．これは，人と人のとても創造的な行為ではないでしょうか．記憶障害などを患っても，最後まで人として大切にされ，その人らしさが保たれる社会をつくり上げていくという，とても創造的な行為だと思われます．

　その途中には，失敗もつきものです．少しぐらい失敗しても，希望を持って認知症ケアに携わる仲間と共に励まし合い，支え合いながら少しずつ前進していけば，いつか夢は実現します．認知症ケアは，認知症の人だけを大切にすることを目指すのではなく，どのような人であっても，人である限り，排除しない社会をつくり上げていくことを目指しているのです．認知症ケアに携わる人も，同様に人です．その人が苦悩したり，時には苛立ってやや不適切なケアを行っていたりしても，安易に排除するのではなく，その苛立つ気持ちを聴き，どうしていくことが望ましいのかを一緒に探っていくことが必要ではないでしょうか．

　人と人が支え合い，互いの存在を認めることのできる社会の創造を，認知症ケアから始めてみませんか．

引用・参考文献
1）ブラッドフォード大学編：DCM（認知症ケアマッピング）第8版マニュアル．
2）トム・キットウッド著，高橋誠一訳：認知症のパーソンセンタードケア 新しいケアの文化へ，筒井書房，2005．

第3章

こじれた関係を紡ぎ直す パーソン・センタード・ケア事例集

ここでは、実際の認知症の人とケアスタッフ、あるいは家族介護者とのかかわり場面を見ていきます。ちょっとしたすれ違いから衝突が起こり、不適切なケアに至ることがあります。また、少しかかわり方を変えただけで、気持ちの良い交流に至ることもあります。不適切なかかわり場面と適切なかかわり場面を対比させることで、どのようなケアに切り替えていく必要があるのかを学びましょう。

※事例では、多くの人がイメージを共有しやすいように登場人物の名前をファーストネームで記すことにしました。

業務優先の考え方に陥っていると… ➡事例1〜7

　忙しい毎日のケアの中で，ついつい業務優先の考え方に陥りやすいものです。つい業務優先の考え方に陥ってしまうからこそ，認知症の人との小さなすれ違いが起こってしまい，ケアを難しくすることがありそうです。ここでは，そんな事例を見ていきましょう。

食事場面で見られるケア ➡事例8〜12

　忙しい介護職員は，つい食事を「栄養摂取」ととらえてしまいがちです。確かに食事は栄養摂取という意味を持ちますが，認知症の人からすれば食文化であり，楽しみでもあります。ただ栄養が取れれば良いというものではありません。認知症の人から見た「食事」の観点が抜け落ちている時，ケアが押し付けになってしまいます。ここでは，そんな事例を見ていきましょう。

排泄場面で見られるケア ➡事例13〜16

　排泄ケアは，最も人の尊厳にかかわる場面です。悪気はないものの，余計な一言があるとケアを受ける人はとても気分を害します。ここでは，排泄ケア場面を一緒に見ていきましょう。

入浴場面で見られるケア ➡事例17〜19

　入浴介助は，忙しい介護職員からすると暑くて大変な仕事です。つい「作業」として行ってしまうことがあります。また，入浴を好まない人がいると，介護職員には，入浴介助は心身共に重労働となります。しかし，ここでも，ケアを受ける人にとって入浴はどんな意味を持つのかという観点に立つことが大切です。入浴場面を一緒に見ていくことにしましょう。

レクリエーション場面で見られるケア　　➡事例20・21

　レクリエーションは，単なる暇つぶしではありません。大切な社会的交流の機会でもあります。また，その活動をとても楽しみにしている人もいます。介護職員にとっては，食事や入浴，排泄の合間のつなぎの活動に過ぎないかもしれませんが，レクリエーションをとても楽しみにしており，食事や入浴よりも優先順位を高く感じている人もいることでしょう。ここでは，レクリエーション場面を一緒に見ていきましょう。

睡眠・休養のケア　　➡事例22・23

　睡眠・休養は，毎日の生活のリズムを整える上で欠かせません。質の良い睡眠・休養があるからこそ，日中の活動性を高めることができるのです。ここでは，睡眠・休養の場面を一緒に見ていきます。

在宅でのケア　　➡事例24～26

　施設でのケア場面だけではなく，在宅ケアでも認知症の人の思いとすれ違ったケアが起こってきます。ヘルパーや家族にもそれぞれの思いがありますが，認知症の人にも，やはりそれなりの思いがあります。それぞれの思いが噛み合わない時，ケアが難しくなってきます。最後に，在宅ケア場面を見ることにしましょう。

業務優先の考え方に陥っていると…　　事例1　食後の

ほかの方が食事中に口腔ケアを始めたら…

　よし子さんの通うデイサービスでは，昼食後に食事を終えた方から随時，洗面所で口腔ケアを行います．ある日のこと，洗面所が混雑しており，その様子を見たケアスタッフの一人が，まだ食事中の方がいるにもかかわらず，そのテーブルにて，食事を終えたよし子さんの口腔ケアを始めました．その様子を見た信代さんは気分を害してしまい，箸を置いてしまいました．信代さんは，デイサービスの食事をとても楽しみにしており，普段はゆっくりと時間をかけて食事を楽しんでいるのですが，その日は箸を置いたきり食事を口にしませんでした．

ケアスタッフがテーブルで口腔ケアを行ったのはなぜでしょうか

　この事例の場合，ケアスタッフは洗面所が混雑していたので，悪気なくテーブルで口腔ケアを行ったと考えられます．または，ケアスタッフは口腔ケア後の業務を意識し，「急いでいた」とも考えられるでしょう．

　日頃からケアスタッフの意識が業務中心になってしまうと，悪気はなくとも，「少しでも早く業務を行い，スケジュールどおりに口腔ケアを終わらせたい」という気持ちが生じやすくなります．その結果，信代さんのように利用者の気分を害する原因となることがあるでしょう．

　ケアスタッフは，多くの利用者をケアするからこそ，日々のスケジュールを意識することが求められます．しかし，それを意識しすぎると，利用者にとっては何かと居心地の悪い環境となることを忘れてはなりません．ケアスタッフには，利用者と生活を共に過ごしていることを意識する視点が大切ではないでしょうか．

信代さんの気持ちを考えてみましょう

　信代さんは，デイサービスでの食事をとても楽しみにしています．どのような環境だと楽しい食事となるでしょうか．多くの方が食事を楽しむ上で，環境を大切にされるのではないでしょうか．どんなにおいしい食事や楽しみな食事でも，「雑音や異臭がある」「慌ただしい」環境では，せっかくの食事が台無しになってしまうでしょう．

よし子さんの気持ちはどうでしょうか

　よし子さんは人前で口腔ケアをされ，恥ずかしい気持ちと，食事中の方に申し訳ないという気持ちがあったのではないでしょうか．または，もしよし子さんが認知症のない方だった場合，ほかの利用者が食事を楽しんでいる前で，ケアスタッフは口腔ケアを行ったでしょうか．ケアスタッフには，よし子さんと信代さん双方の「気持ちを汲み取る」かかわり方が求められます．食後の口腔ケアを行う場合，周囲の環境に配慮する視点を大切にしましょう．

口腔ケア，洗面所が大混雑！

それぞれのペースで食事を楽しんで

　よし子さんの通うデイサービスでは，昼食後に食事を終えた方から随時，洗面所で口腔ケアを行います。ある日のこと，洗面所が混雑していたため，まだ口腔ケアをせずにテーブルで待っている方がいました。その様子を見たケアスタッフは，口腔ケアの誘導・介助を中断し，順番を待っていたよし子さんに「もう少し待っていただいてもいいですか」と言葉を掛けました。よし子さんは，洗面所が空いてからゆっくりと口腔ケアを行いました。デイサービスでの食事を楽しみにしている信代さんは，その日もゆっくりとおいしく食事を摂ることができました。

その場にいる利用者のニーズを満たすかかわりとは

　ケアスタッフは，洗面所の混雑が落ち着いた後，よし子さんの口腔ケアを行いました。その際，よし子さんに多少待っていただくからこそ，よし子さんには丁寧に状況を説明し，洗面所が空くのを待ってから口腔ケアを行いました。

　ケアスタッフは，急いで口腔ケアを終えるのではなく，周囲で食事をする方，口腔ケアをする方の環境を大切にすることで，双方の利用者の「気持ちを汲み取る」かかわりを行うことができ，「本人のニーズを満たす」ことができました。

よし子さんはどのように感じたでしょうか

　よし子さんは，食事中の信代さんに申し訳ない気持ちや恥ずかしい気持ちを持つことなく，口腔ケアを行うことができたのではないでしょうか。食事を楽しみにしている方を目の前にして口腔ケアを行うことは，誰しも避けたいと思うでしょう。ケアスタッフは，次のスケジュールばかりに意識が集中すると，業務中心のかかわり方となり，利用者の「気持ちを汲み取る」ことができにくくなることがあります。この事例では，よし子さんにとって，ケアスタッフとの安心感を持つ機会となり，「本人のニーズを満たす」ことができたのではないでしょうか。

利用者中心のケアをすることによって…

　この事例の場合，利用者中心のケアを行うことによって，一人の利用者だけでなく，複数の利用者にとって良いケアを提供することができました。食事は，利用者の生活にとって大切な楽しみと言えるでしょう。そして，口腔ケアは，その楽しみを継続する上で重要な役割を持っていると言えます。だからこそ，一人ひとりが食事を楽しめる視点と，周囲に配慮して口腔ケアを行う視点の2つを，同時に大切にすることが必要です。

　楽しく食事をすることは生活を豊かにし，生きがいにもつながります。反対に食事の環境が悪いと，利用者の食事に対する意識は下がり，「食事量の減少」「栄養の偏り」「免疫力の低下」につながります。

事例2　　　　　　　　　　　　　　　手荷物の置き場所を

 何度も同じことを尋ねる利用者を，つい無視してしまう

ある日の午前中，デイサービスは入浴の時間でした。ケアスタッフは皆忙しそうにしています。認知症のひさ子さんは自分の手荷物の置き場所を忘れてしまい，ケアスタッフに尋ねるのですが，すぐに忘れてしまいます。しばらくしてまた忘れてしまったので，近くを通りかかったケアスタッフに尋ねようとして，「すみません」と声を掛けました。しかし，ケアスタッフは素通りして慌ただしく浴室の方へ向かってしまいました。

職場の環境はどうでしょうか

まずは皆さんで，職場の環境という視点から考えてみましょう。多くの場合入浴時間帯は，ケアスタッフにとって慌ただしい状況が多いと思います。この事例から職場のより良い環境を考える際，どのようなケアスタッフのかかわり方と環境が大切であったと言えるでしょうか。

短期記憶の障害により，すぐに忘れてしまう利用者にとって，相手にされず「慌ただしい」環境は，どのように感じるでしょうか。利用者本人の心理的ニーズを認めようとするかかわり方や，「落ち着く」環境を望むことでしょう。ケアスタッフ一人ひとりの環境意識，職場の雰囲気，ケアスタッフ間の連携などに関する環境面について，ケアスタッフ間で話し合ってみてはいかがでしょうか。

ひさ子さんの言葉掛けを無視したケアスタッフの心理は？

なぜ，ケアスタッフは利用者を素通りしてしまったのでしょうか。「無視したい」と思ったのではなく，慌てていたため悪気なく利用者の言葉掛けを無視したことが考えられます。

しかし，その時に気付いてすぐにひさ子さんに対応していたら，どのような良好な関係が双方に期待できるでしょうか。ケアスタッフが，「自分は入浴の手伝いで忙しいから，かかわる時間はない」「ひさ子さんは，また大した用事でもないことを聞いてくるだろう」「面倒」という心境になっていたり，「自分が対応しなくてもほかのケアスタッフが対応するだろう」という意識となっていたりするならば，一度ケアスタッフ間で話し合い改善する必要があります。

ひさ子さんの気持ちを考えてみましょう

この事例では，ひさ子さんは「自分の荷物の場所が分からない」と不安な気持ちを抱いたのではないでしょうか。ひさ子さんは認知症によって短期記憶が障害され，不安や孤独の中で生活をされています。ひさ子さんにとってデイサービスは，入浴する場所であると同時に，何より交流の場所，安心できる場所となることが大切です。その際，ケアスタッフとひさ子さんの信頼関係が要となるのではないでしょうか。顔なじみのケアスタッフから相手にされなかったら，ますます不安で孤独を感じることでしょう。

すぐに忘れてしまう…

😊 同じことを何度も尋ねる利用者に，丁寧にかかわると…

　ある日の午前中，デイサービスは入浴の時間でした。ケアスタッフは皆ゆとりを持って落ち着いて仕事をしていました。ひさ子さんは，自分の手荷物の置き場所を何度も忘れてしまうのですが，その都度ケアスタッフは丁寧に対応し，荷物が気になるひさ子さんに荷物を渡しました。ひさ子さんは，安心して居心地良く過ごすことができました。

話し合いの機会を持ちましょう

　この施設では，入浴時間が特に忙しく，利用者とゆっくりと向き合うことができないことが多くありました。また，認知症の方も落ち着かないことが多々見られるため，ケアスタッフ間で話し合いをしました。

　まず，入浴時間帯のケアスタッフ配置と勤務について話し合いました。そして，利用者数が多い曜日には，入浴時間帯のみケアスタッフを1人増やし，ケアスタッフの休憩時間の調整を行いました。また，認知症の方に対するかかわり方や，認知症の理解を深める勉強会を開くことにしました。

ケアスタッフ間で話し合い，改善したことで…

　ケアスタッフ間で具体的に話し合うことによって，ケアスタッフの入浴に関する意識を見直す機会となりました。そして，勉強会を開くことで，どのようなかかわり方がよいのかや，認知症を抱えることで生じる利用者の気持ちを考える機会となりました。その結果，ケアスタッフは落ち着いてゆとりを持って仕事をするようになり，ひさ子さんをはじめ，多くの利用者が安心して，居心地良く過ごせる環境を提供することができました。

　ケアスタッフ全員の意識を改善するために，チームで具体的な取り組みを話し合うことができれば，利用者に対する対応はより良い方向に変わるのではないでしょうか。ケアスタッフと利用者の双方にとって安心できる環境が整うと，利用者の不安の軽減につながるだけでなく，より良好な環境と信頼関係を築くことができると思います。

　ひさ子さんのようにすぐに何度も忘れてしまう利用者は多いです。だからこそ，環境とケアスタッフのかかわり方は大切と言えるでしょう。ケアスタッフからその都度丁寧なかかわり方で受け答えがあった場合，利用者はとても良い表情をされます。ケアスタッフ間で認知症の理解を深め，穏やかな環境を整える視点と，利用者の言動と気持ちを理解しようと「受容」「共感」するかかわり方を心掛けてはいかがでしょうか。

事例3　　　　　　　　　　　　　　　　　　　　　　夕方になると,

 夕方になると，家に帰りたくなる利用者

　介護老人保健施設に入所中の昭子さんは，ケアスタッフが忙しく仕事をしている最中に，夕方デイケアの利用者が車に乗って帰っていく風景を見ました。すると昭子さんは，「家に帰って，お父さんの食事を作らないといけない」と言いはじめました。ケアスタッフは，「家はありませんよ」「今日は泊まっていく日です」と伝えましたが，昭子さんの気持ちは収まりがきかないようで，「私の家の何を知っているの？」「誰が泊まっていけと言っていたの？」と言い出しました。ケアスタッフは「家の人からそのように聞いています」と伝えましたが，昭子さんは興奮しはじめました。ほかのケアスタッフが，「では帰りましょう」と一緒に外へ出ましたが，1時間以上ウロウロしています。

昭子さんにとっての「家」とはどこでしょうか

　この事例の昭子さんは，なぜ興奮したのでしょうか。まずは，「家に帰って，お父さんの食事を作らないといけない」とおっしゃる昭子さんの気持ちを考えることから始めてみましょう。そして，ケアスタッフの対応についても考えてみます。

　昭子さんの気持ちを考えると，「家はありませんよ」というやや否定的な声掛けによって，大切なものとのつながりを損ねられたように感じたのではないでしょうか。また，ケアスタッフは，昭子さんが育ってきた背景や，「家」とはどこの家を指しているのかを考える必要があったのではないでしょうか。

　例えば，夫と過ごしている現在の家なのか，小さいころに住んでいた家なのか，昭子さんが一番輝いていたころの家なのか，それらを本人の表情や言葉から感じ取ることが大切です。この事例では，軽い気持ちで言ってしまった「家はありませんよ」「今日は泊まっていく日です」という発言に対して，昭子さんは「だまされている」「この人は分かってくれない」といった気持ちになったのかもしれません。

昭子さんの気持ちを考えてみましょう

　「家はありませんよ」「今日は泊まっていく日です」という声掛けは，ケアスタッフにとっては事実を伝えただけかもしれません。しかし，昭子さんの立場からすると，混乱が生じるきっかけとなり，何が現実か分からなくなり，自身の体験世界をさまようことになってしまったのではないでしょうか。昭子さんが求めるのは，その場で事実を知ることではなく，昭子さんの発する言葉の背景から「心理的ニーズを汲み取ってもらう」ことだったと考えられます。

　また，「では帰りましょう」と言い，外に出たケアスタッフの対応はどうだったでしょうか。一見すると，昭子さんの思いに共感しているようですが，言葉だけの対応になっていないでしょうか。昭子さんが今感じている不安や焦燥感を考えた上で，「寄り添う」ことが必要です。昭子さんを観察しながら，疲れた様子であれば「昭子さん，ご一緒に少し休みませんか」といったように気遣いを示すことも大切でしょう。

家に帰りたくなる…

 家に帰りたがる利用者に，丁寧にかかわると…

　介護老人保健施設に入所中の昭子さんは，夕方デイケアの利用者が車に乗って帰っていく風景を見ると，「家に帰って，お父さんの食事を作らないといけない」と言いはじめました。ケアスタッフは，昭子さんが安心できる声掛けを考え，事前に用意しておいた，夫からの手紙を昭子さんに見せ，食事の支度は必要ないことを伝えました。昭子さんは，「良かった。心配だったの」と言い，一時は納得しましたが，「やっぱり帰ろうかな」と言い出しました。ケアスタッフは，「帰り道が危ないから，送っていくので一緒に帰りましょう」と言い，外へ出ました。外を歩いている最中，終始笑顔で夫の話や夕食の話をしていると，「疲れたから，今日はあんたの所に泊まっていくわ」と言い，10分ほどで施設に戻りました。

どうしたら利用者が安心感を得られるか

　昭子さんは，一度は家に帰りたいという言動があったものの，なぜ施設に泊まることに納得し，安心感を得ることができたのでしょうか。

　まずは，昭子さんの気持ちに「寄り添う」ことを考え，声掛けしたことが良かったのではないでしょうか。この事例では，行き当たりばったりの声掛けや，ケアスタッフの気持ちを全面に出して説得するような対応はしていません。そして，昭子さんの発言に対して，ケアスタッフが昭子さんの情報を収集しアセスメントをした上で，家族と連携を図り，夫からの手紙を用意していました。この手紙によって昭子さんの不安が軽減し，安心感を得ることができました。

　また，再度帰りたくなった昭子さんに対するケアスタッフの対応はどうだったでしょうか。ケアスタッフは一方的なかかわり方ではなく，昭子さんが困っている中でも受け止めやすいような言葉を選び，丁寧に伝えています。そして，「否定する」「強制する」といったことなく，昭子さんの不安に思っている食事の支度のこと，夫や家のことについて，丁寧に対応していたと言えるでしょう。帰り道に話していた内容は，昭子さんにとってとても大切なことであり，それを丁寧に聴くことにより，ケアスタッフは寄り添う存在になれたのかもしれません。

　昭子さんにとって，「家に帰って，お父さんの食事を作らないといけない」という気持ちは，長年の家事を行っていた生活歴があれば，認知症の有無や進行にかかわらず，気になることかもしれません。利用者中心のケアを行う際，大切な存在との「愛着」「結び付き」を大切にする視点が重要です。

事例4　家事が困難になってきたので,

 主婦の役割を奪われてしまい…

　よしえさんは，最近家事をうまく行うことができなくなってきました。一緒に暮らす夫も体調が悪く，生活で困ることも増えています。そこで，訪問介護サービスを利用することになりました。ヘルパーが毎日訪問し，調理を中心に家事援助を行います。ヘルパーは次回の訪問まで2人が困ることのないよう気を配り，手際良く家事をこなしてから帰ります。ヘルパーの訪問中，よしえさんは，「身体はどこも悪いところがないのにねえ…」と繰り返しつぶやいていました。

問題点は改善したが…

　サービス開始前，夫から聞いていたよしえさんの家事の失敗は次のようなものでした。
・調理中の鍋を焦がす。
・出来上がったおかずの味付けが濃すぎて食べられない。
・何度も同じ物を買ってくるので，冷蔵庫が一杯で入らず，夫が処分している。
・洗濯の途中に何度も洗剤を入れるので，洗濯物が泡だらけになってしまう。

　サービス導入後，鍋が焦げることはなくなりましたし，食卓には栄養バランスの良いおかずが並ぶようになりました。洗濯物もきれいに仕上がり，洗い直す必要もありません。困り事なく安心して生活できる環境が提供できているようです。しかし，ここでよしえさんのつぶやきに注目し，よしえさんの思いに寄り添ったケアという視点で考えてみる必要がありそうです。

よしえさんの気持ちを考えてみましょう

　よしえさんが家事の中で困っていたこと，うまくできなかったことは，短期記憶の障害によるものだと推察されます。よしえさん自身が感じているように，身体には特に悪いところがないようです。近所であれば一人で歩けますし，家の中なら階段の上り下りもさほど苦になりません。洗濯に必要な，かがんで伸びるという動作もできています。

　ヘルパーは，2人の生活が滞らないよう，時間内に手際良く家事全般をこなすことに必死でした。しかし，よしえさん自身についてやよしえさんが望む生活について，知らないことがたくさんあるようです。そして，気付かないうちによしえさんから仕事を奪い，能力を使わせないようにしていました。

ヘルパーに来てもらった

 家事の主役は利用者本人

　よしえさんとヘルパーは並んで台所の流しに立っています。ヘルパーが玉ねぎ，よしえさんがじゃがいもと分担して，下ごしらえをします。よしえさんは，得意料理の肉じゃがの味付けをヘルパーに教えてくれます。ヘルパーは，よしえさんが段取り良く味付けに集中できるよう，さりげなく環境を整えながら見守ります。味見した夫にも「やっぱりお母さんの肉じゃがはうまいな」と言われ，よしえさんは満足そうに微笑みました。

利用者本人が主役になれるかかわりとは

　ヘルパーは，なるべくよしえさんと一緒に家事が行えるようにしました。最初は献立を考えるところから，「じゃがいもがたくさんあるけれど，どうしましょう」と相談しました。調理の際も，「よしえさん，味付けを教えてくれますか」と台所に誘いました。

　並んで調理をするうちに，よしえさんはいろいろなことをお話ししてくれるようになりました。兄弟がたくさんいたため，自分は長女としてよく面倒を見ていたこと，結婚してからは住み込みの若い衆の分まで大鍋で大量の煮物を作っていたこと，今は離れて暮らす子どもたちのことなどです。料理のことでは，ヘルパーが知らなかった生活の知恵なども教えてくれました。

　ヘルパーは話を傾聴し，そこで語られた生活歴や本人の望み，不安などを改めてアセスメントシートに記入していきました。そして担当者間で情報を共有し，よしえさんのできることを奪わないケア，能力を発揮できるようにするケア，思いに寄り添うケアについて話し合いました。先回りしてやってしまうのではなく，本人が主役として家事に参加できる方法を考えるようになったのです。

能力を発揮できるようサポートする

　今はヘルパーが訪問するのを合図に，よしえさんは洗濯機を回しはじめます。夫の希望も聞きながら，一緒に献立を考えます。調理はよしえさんを主体にヘルパーはアシスタントのように動きながら，よしえさんが混乱することのないよう見守り，さりげなく手助けをします。おかずが出来上がったころに，洗い終わった洗濯物をよしえさんが干します。よしえさんの短期記憶障害をヘルパーが補いサポートすることで，よしえさんは主婦として力を発揮し続けています。

事例5　「帰って夕飯の支度をしなくちゃ」

家に帰りたいと伝えられず…

　ケアスタッフが忙しく夕食を作っていると，ひでさんがソワソワしはじめました。そんなひでさんにケアスタッフは，「ひでさん，忙しいから座ってて」と言います。「あの〜，私…」とひでさんが言いかけると，ケアスタッフは「分かった，分かった！　水戸黄門でしょ！　分かっているからここに座って，ほら，テレビを見て！」「あの〜，違うんです。私…」「いつも見ている水戸黄門でしょ。テレビの声が聞こえない？　ボリューム大きくするわね」
　ひでさんは，何も言えなくなってしまいました。

利用者に対する思い込みがあると…

　ひでさんは，実は慌ただしく夕食作りを始めたケアスタッフを見て，「息子の夕飯を作るから帰らないといけない」と思ったようです。そんなひでさんの思いに気が付かないケアスタッフは，「利用者の夕食の支度」という役割のことで頭がいっぱいのようです。
　そして，話し掛けてくるひでさんに対しては，いつもこの時間はテレビで水戸黄門を見ているので，テレビのチャンネルを変えてほしいのだろうと思い込み，テレビをつけてあげることで，ひでさんの希望が叶ったと思い込んでいるようです。

ひでさんの気持ちを考えてみましょう

　この時のひでさんの気持ちはどうでしょうか。「忙しそうにしているケアスタッフに話し掛けるのは申し訳ない」と思ったかもしれません。そうだとすれば，やっとの思いで声を掛けたところ，その言葉を遮られ，自分の言葉に耳を傾けてくれないケアスタッフに対してどう思ったのでしょうか。「違うよ。テレビじゃなくて，息子の夕飯を…」と言いたかったのではないでしょうか。
　また，なぜひでさんは，息子の夕食作りを思い出したのでしょうか。もしかしたら，夕食作りの音やにおいや様子で，五感を刺激されたからかもしれません。
　認知症の人をケアする場合，その人を十分にアセスメントできていること，そしてその情報がケアスタッフ間で共有されていることが重要となります。その上で，自分の思い込みではなく，相手の話を聴き，相手の表情を見て対応を考えることが大切です。

と一人ソワソワ…

 調理を手伝ってもらうことで…

　台所からは，ご飯が炊けるにおいがして，味噌汁の具である大根を切る音がしています。ケアスタッフが夕食の準備をしているのです。デイルームにいたひでさんは，「息子の夕飯を作らなければ」と思い出し，ケアスタッフに話し掛けます。「あの〜，私」「ひでさん，何？」「息子の夕飯を作らないといけないので，帰りたいんだけど」「そんな時間ですか？　今ちょうど夕飯を作っているので，良ければ手伝っていただけませんか？　作ったおかずを，息子さんに持っていかれますか？」「いいの？　そうしようかしら…」

五感が刺激されることで蘇る記憶

　ひでさんは，グループホームに来られる前は，料理が得意な専業主婦でした。ひでさんの楽しみは，一人息子が自分の作ったご飯を「おいしい！」と言って食べる姿を見ることでした。

　この場面のひでさんは，夕食を作るケアスタッフの動きを見て視覚が刺激され，ご飯が炊けるにおいで臭覚が刺激され，大根を切る音で聴覚が刺激されたことによって，食事作りを思い出したのではないでしょうか。そして，息子が食事をする姿を思い出し，「息子の夕飯を作らなければ…」という発想につながったのかもしれません。

　家とは違う空間に身を置いていても，五感は生きています。その五感が刺激されることで，ひでさんの閉ざされた記憶の貯蔵庫の扉が少しずつ開かれていったのではないでしょうか。

利用者主体のかかわり

　ケアスタッフは，ひでさんのグループホームに来られるまでの生活歴をアセスメントできていたので，ひでさんの行動は予測していたようです。そして，ひでさんが食事作りの心配をした時のかかわり方もあらかじめ考えていたようです。このグループホームのケアスタッフは，日頃から利用者主体のかかわり方を心掛けていました。だからこそ，この場面でもひでさんがケアスタッフの「一緒に食事を作り，それを息子に持っていく」という提案に，ひでさんも「そうしようかしら…」と納得したのではないでしょうか。

　日頃から介護者主体，業務優先の動きをしているケアスタッフが，この場面のようなかかわり方をしたら，ひでさんからこのような返答があったでしょうか。

　認知症の人に「その人らしく」生活していただくためには，点のかかわり方ではなく，線をつなぐようなかかわりが大切になります。そうすると，点として途切れた認知症の人の記憶は線になり，「その人らしい」生活が再現されるのかもしれません。

　認知症ケアは短い時間でできることではありません。時間をかけてゆっくりと構えていきましょう。認知症の人もケアスタッフも楽しくなければ続かないですから。

事例6　楽しみにしていたテレビドラマだが,

猛スピードの車いすに乗せられ…

　特別養護老人ホームに入居中の銀二さん。今日は楽しみにしているテレビドラマの最終回があり,テレビに熱中しています。しばらくすると,急に後ろから「銀二さん,お風呂ですよ」と声を掛けられたかと思うと,車いすのブレーキが外され,いきなり後ろに引き下げられました。そして,今度は方向を変えられ,猛スピードで廊下をどんどん進みます。驚いた銀二さんはケアスタッフを見上げますが,ケアスタッフは誰かと話をしているようで,銀二さんの驚いた様子に気が付いていません。銀二さんは流れる景色の中,今から自分はどこに連れて行かれ,何が起こるかと考えると,不安で恐ろしくなってきました。

銀二さんの気持ちはどうだったでしょうか

　銀二さんは,テレビを楽しんでいたにもかかわらず,中断させられ,自身自身の気持ちは無視されたと思っているかもしれません。または,入浴を強制させられたと感じているかもしれません。そして,銀二さんが乗った車いすを猛スピードで押す行為は,銀二さんを荷物のように運ぶ,つまり物扱いしていることになります。銀二さんの不安な表情から考えると,怖がらせるかかわり方になっていたのでしょう。

ケアスタッフの気持ちはどうでしょうか

　「早くお風呂に入れたい。あと何人を何時までに入浴介助し,少しでも早く利用者全員の入浴を終わらせたい」という業務中心の意識が強くなっていないでしょうか。ケアスタッフには悪気がなく,一生懸命に入浴介助を行っているという気持ちがあっても,まずは銀二さんの気持ちを理解し,より良いケアの提供を考える必要があります。

　「利用者中心」の視点を日頃から心掛けることができれば,入浴の順番を変更し調整することや,テレビを見ることを中断させたことを謝りながら,どのようなドラマであったか,銀二さんの気持ちに「関心」を示し,会話して浴室まで移動するかかわり方ができたかもしれません。

　車いすを操作する際,本人の「不安」な表情に気付いていないことから,ケアスタッフは今からの業務に集中するあまり,利用者の気持ちに気が付かないといった要素もあったのではないでしょうか。

今日は入浴の予定

 移動介助も大切なコミュニケーションの時間に

　今日は，銀二さんがいつも見ているテレビドラマの最終回があります。楽しみにしているので見逃すわけにはいきません。ケアスタッフは銀二さんの横に座り，「こんにちは，銀二さん。今日はついにドラマの最終回ですね，楽しみですね。今日はお風呂の日ですが，ドラマが終わったころにまた声を掛けますので，ゆっくり楽しんでくださいね」と声を掛けました。実は，先ほどから重雄さんが入浴のことを気にしていたことをほかのケアスタッフから聞いていたため，銀二さんと重雄さんの順番を入れ替え，時間をおいてから，銀二さんを入浴にお誘いすることにしました。

　ドラマが終わったころ，ケアスタッフが「こんにちは，銀二さん。お待たせしました。今お風呂がちょうど沸きましたので，お誘いに来ました」と声を掛けると，銀二さんは「何だかドキドキして少し汗をかいたみたい」と話されます。ケアスタッフは，「そうですか，それではゆっくりと湯船につかりながらさっぱりしましょう。車いすを動かしますね」と，ゆっくりとしたスピードで車いすを押しました。移動の間，ケアスタッフとドラマの内容で話が盛り上がり，会話が途切れることはありませんでした。

一つひとつのケア場面を大切に

　入浴介助では，ケアスタッフは多くの利用者を介助するからこそ，時間に追われる感覚に陥りやすくなります。いつの間にか，一人ひとりの利用者の気持ちを考えずに，流れ作業的な介助になってしまってはいませんか。

　ケアスタッフにとっては，何気ないケア現場の一場面ですが，銀二さんにとっては，大切な生活の一部分です。浴室に向かう単なる移動の時も，ケアスタッフとの共通の話題があることで，楽しい時間になり得ます。その楽しい移動の時間が，気持ちの良い入浴につながり，銀二さんにとって気分の良い状態が続くきっかけになることでしょう。そして，このような場面が多く見られることによって銀二さんの良い状態は維持され，その人らしさも高められることでしょう。

柔軟な発想でケアを行う

　ケアスタッフにとっての業務を優先させるのではなく，銀二さんが楽しみにされているテレビを優先し，入浴の順番を入れ替えるというのは，ちょっとした臨機応変さがあればできることです。ケアスタッフが決めた順番どおりに物事を運ばなければならないと考えるのではなく，目の前にいる利用者の状況により，柔軟な対応ができるようにしたいものですね。

事例7　昼下がりの食堂は

昼食後のざわついたフロアで…

　ある特別養護老人ホームでの昼下がりの一場面です。食堂にはたくさんの方が集まっています。フロアには懐かしい音楽がかかり，窓際のテレビにはドラマが映っていますが，見ている人はあまりいません。利用者の中には，車いすに座って居眠りをしている人や，まるで誰かと会話をするように，一人で何か話をしている人もいます。ケアスタッフはおやつの準備で忙しく，遠くのケアスタッフには大きな声で話し掛け，パタパタと足早に利用者の前を通り過ぎます。ある男性は不安そうな表情で歩き回り，スタッフルームのカウンター前に立って何かを問い掛けていますが，中にいるケアスタッフは打ち合わせ中でそのことに気が付いていません。

「良かれ」と思い込んだ結果…

　この事例の場合，ケアスタッフは「高齢者は懐かしい音楽が好き」「いつもテレビをつけておけば，高齢者は楽しい気分で過ごすことができる」と思い込み，周囲の環境に配慮せずに音楽やテレビを流す様子が感じ取れます。懐かしい音楽や青春時代に流行った歌を口ずさむことで，若きころの思い出がよみがえり，心と身体が動き，気分の良い状態が続くことはあるでしょう。しかし，この事例を振り返ってみると，音楽やテレビの音が入り混ざり，さらにケアスタッフが動き回る足音や大きな声が聞こえる環境です。音が入り混ざった環境の中では，音楽が効果的に働くことは難しいと言えるでしょう。懐かしい音楽を流す際は，「利用者中心」の視点から生活歴を尊重して選曲することや，周囲の環境に配慮することが大切ではないでしょうか。

　また，ケアスタッフの声の大きさはどうでしょう。ケアスタッフの目線で考えると，申し送りやおやつの準備でとても忙しい中では，「大きな声ではっきりと申し送りをした方が，的確で効率が良い」というのも間違ってはいないかもしれません。しかし，今の空間を生活者の目線で考えることで，声の大きさに配慮が必要であることに気付けるのではないでしょうか。

利用者にとって心地良い環境とは

　午後のゆったりとした時間の中では，会話や交流を楽しめる空間，居眠りができる心地良い空間が望ましいでしょう。いろいろな音が混ざり合うと，不快に感じられるものです。特に認知症のある方にとっては，「気が散る。不快な騒音の中で目の前を忙しそうに歩く無礼者」「大きな声で何かを伝えているが，自分のことを言われているのか分からない」と不安や苛立ちが生じ，何だか気分が落ち着かない状態に陥ることも考えられます。また，スタッフルームのカウンターを訪れた男性に関しても，「いつも何か訴えてくるけれど，決まって同じことの繰り返し」ととらえてしまうと，本人の気持ちを分かろうとしない，無視をするということになります。

利用者にとってどんな環境？

 心地良い空間をつくり上げると…

　会話の邪魔にならないようなBGMが流れる空間。時には懐かしい音楽が流れることでつい口ずさみ，ほかの方との会話のきっかけになっています。別のスペースでは，テレビを楽しむグループもありますが，空間を仕切ることで音が混ざって邪魔になることはありません。窓際では陽だまりの中でうたた寝を楽しむ方もいます。スタッフルームのカウンターを訪れた男性にはケアスタッフが近付き，「こんにちは，ご気分はいかがですか」と声を掛けます。本人が感じていることを共感的に理解しようとすることで，「自分のことを分かってくれようとする，力になってくれようとする人がいつも近くにいる」と感じてもらうことができたようです。

介護者主体の生活空間になっていませんか

　この事例では，ケアスタッフは空間を仕切ることで，各利用者に対して心落ち着く空間を提供しています。空間をうまく仕切ることは，さまざまな利用者のニーズを満たす上で，とても重要です。

　主に大規模な施設では，仕切りのない見守りしやすい広い空間，一度に統一したケアを提供しやすいテーブルの配置，全員が見えるように配置されたテレビ位置，歩行の邪魔にならないよう何もない居室など，専門職がケアする上での効率性とリスクマネジメントを重視した環境が重視されすぎてはいないでしょうか。また，孫や曾孫が描いた絵などではなく，自分の家庭ではまず飾ることのない，生活歴や年齢から考えて利用者に合わない装飾品の多い生活空間の場合，「ここは，私の来るところではない。住み慣れた自宅に帰りたい」と，落ち着かない気持ちにさせることもあるでしょう。ケアスタッフ一人ひとりが生活者の目線で，本人のニーズを満たす空間とは何かを考えてみるとよいでしょう。

より良い生活空間を考える時に必要な視点

　生活空間について考える際，ケアスタッフの発する業務の音や声にも気を付けなければなりません。業務を早く終えることばかりを考えていると，空間や周囲の環境に対する配慮や意識が欠けてしまいます。ケアスタッフは，利用者の生活を支援する存在であり，生活を共に過ごす存在と考えることが大切です。

　ケアスタッフも利用者も生活者であれば，他者と交流する時間，一人で静かに過ごす時間，音楽やテレビを視聴する時間など，どれも空間が大切であり，周囲の音が影響することに留意しなければなりません。他者の視線を感じずに済む空間や，テレビを楽しむための場所を確保すると共に，BGMについても，いつも流しているのではなく，場面によって内容や時間を決めてはどうでしょうか。また，正確な情報交換は当然必要となりますが，ケアスタッフは利用者の生活の邪魔をしないよう，大きな声で話さなくても聞こえる距離での申し送りや話し合いを心掛けてはいかがでしょうか。より良い空間や環境を考えるためにも，音や光，温度や風，におい，季節や時間といった視点を，いま一度考えてみましょう。

食事場面で見られるケア　　事例8　半側空間無視

  自力摂取よりも，介助をした方が早い？

　史郎さんは週に数回，デイサービスを利用しています。脳梗塞の後遺症により，認知症と左半側空間無視と嚥下障害があります。食事の時の史郎さんは，お膳の左側にある物を見落とし，バランス良く食べることができません。見守りしていたケアスタッフは史郎さんの様子を見て，史郎さんに何も言わずスプーンを取り上げ全介助することにしました。

史郎さんの問題点は？

　この施設の昼食時間は，12～13時となっています。食事介助が必要な方を6人掛けの一つのテーブルに集めて，ケアスタッフ一人が対応しています。

　史郎さんの食事に掛かる時間は50分から1時間程度です。左半側空間無視があり，左側の物を見落としてしまう史郎さんの問題点として，次の5点があります。
①使用しているスプーンの裏表が分からない。
②取り分けるのが難しい。
③皿に食べ物が残っていても分からない。
④口に入れるまでにこぼしてしまう。
⑤時々，むせ込むことがある。

　ただし，自分で食べようという意欲はあります。

ケアスタッフの気持ちはどうだったでしょう

　食事のたびにこの様子を見ていたケアスタッフは，「これでは時間が掛かってしまう」「ほかの人も介助しなければいけない」「この後，トイレ誘導もあるのに」という業務優先の気持ちと，「1時間も掛かっては史郎さんが疲れてしまう」という史郎さんへの気遣いの気持ちから，史郎さんからスプーンを取り上げ，全介助することにしました。

史郎さんの気持ちを考えてみましょう

　さて，見えないながらも自分で食べていた史郎さんの気持ちはどうだったのでしょうか。自分の意思とは関係なく，次から次に食べさせられることを不快に思っているかもしれません。これは，能力を使わせず，強制することになります。また，食事をゆったりと味わうことはできたのでしょうか。

　このような食事が続き，ほとんど言葉を発することや意思表示をすることの少ない史郎さんは，お膳に手を伸ばして箸を掴もうとされますが，強制的に食べ物を口元まで運ばれるので，伸ばしていた手を引っ込めてしまいました。

のある利用者の食事介助は…

 小さな可能性を大切にすることで，食事の自力摂取を

食事の時間となり，ケアスタッフは史郎さんの右側にお膳を置き，今日のメニューを説明します。そして，食べ物をスプーンに取り分け声掛けし，見える所まで持っていき，史郎さんにスプーンを持ってもらいます。史郎さんは，スプーンを目の見える所まで持っていき，目で確認してから口まで運び食事をされます。その表情はとても穏やかです。

本人の能力を生かした介助

史郎さんは左側にある物を見落とし，バランス良く食べることができないことや，補助具をうまく使えず食事に時間が掛かってしまうことから，食事は全介助でした。しかし，これは本人の能力を使わせない，その人らしさを損なう行為になります。

ケアスタッフは，「食事は自分で食べた方がおいしい」という基本を大切にし，史郎さんのできること・できないことを把握し，史郎さんをもっと知ることから始めました。また，新人ケアスタッフは先輩の食事介助の様子を見て，史郎さんは介助しなくてはいけないと思い込んでいました。今は「できていない」ことを「できるように支援する」ことで，全介助だったのが一部介助で食事ができるようになりました。

そして，6人の食事介助・見守りをケアスタッフ一人で担っていたことを見直し，必要に応じてケアスタッフを配置するようにしました。介助の方法は，ケアスタッフがスプーンに適量を取り分けて声掛けし，目の見える所まで持っていき，史郎さんにスプーンを持ってもらうようにしました。史郎さんがお膳に手を伸ばした時はスプーンを持ってもらい，見える所までケアスタッフが皿を持っていくようにしました。ただこれだけのことで，史郎さんは自分で食べることができるようになりました。

全介助の時よりは時間は掛かるようになりましたが，業務優先で，本人ができることもできなくしてしまう支援は適切とは言えないでしょう。施設で決められたスケジュールに利用者を合わせるようではいけません。何でも時間内に終わらせることや，早ければよいということではないでしょう。

事例9　食べこぼしのある

 食事にエプロンは必要？

　太郎さんは，特別養護老人ホームで生活しています。昼食の時間，車いすに座った太郎さんは，ケアスタッフの介助で食堂に向かいます。太郎さんがテーブルにつくと，ほかのケアスタッフが笑顔で近寄り，さっとエプロンをかけました。どのケアスタッフも慌ただしく食事の準備を続けます。太郎さんの表情が一瞬曇り，うつむいてしまったことには誰も気付かなかったようです。

利用者本位のケアのはずが…

　太郎さんは，最近食べこぼしが多くなってきたため，エプロンを使いはじめたところでした。太郎さんの施設のケアスタッフは，「太郎さんはご自分で食事をすることができる。食べこぼしがあるからと安易に介助するより，エプロンを使用してこれからもご自分で食べていただこう」と話し合いました。ほかにもエプロンを使用している方はたくさんいるため，その選択にためらいや違和感を覚えることはなかったようです。

　この話し合いでケアスタッフは，太郎さんが「自分で食べることができる」点に着目しています。その能力を奪わないために，エプロンを使用することにしたのです。ケアスタッフは，太郎さん本位の考え方をしたいと思っています。決して子ども扱いしているつもりはなかったようです。

　しかし，エプロンをかけられ，うつむいた太郎さんからすると，「自分は子ども扱いされている」と落ち込んだり，いたたまれない気持ちになってしまったりしたのかもしれません。言葉では表現されることのなかった太郎さんの思いを見過ごすことのないようにする感性を大切にしませんか。

食べこぼしが増えた背景を考える

　ここで少し，振り返って考えてみたいことがあります。太郎さんはなぜ，最近になって食べこぼしが多くなったのでしょうか。仮定として，皆さんもいろいろ思い浮かぶことがあるでしょう。ここで思い浮かぶ引き出しがたくさんあればあるほど，ケアが変わるきっかけも多くなるのではないでしょうか。太郎さんの施設のケアスタッフも，太郎さんの食事場面についてもう一度話し合うことにしたようです。

利用者への食事介助は…

 隠れたニーズを満たすことで,気持ち良く食事が摂れるように

　昼食の時間になりました。太郎さんは,いつものようにケアスタッフと食堂に向かいます。食堂の太郎さんの席には,いすと足置きが準備してあります。太郎さんの身体にテーブルの高さを合わせてあるため,車いすからいすに座り替えた太郎さんは姿勢も良く,にこやかにくつろいだ様子です。午前中,少し臥床されたので,疲れもないようです。食事中に姿勢が崩れることもなく,ご自分で食事を摂られました。

太郎さんを観察して分かったこと

　話し合いでは,最近の太郎さんの様子について,各ケアスタッフの気付きを共有しました。そこで,次のようなことが分かりました。

・食事の初めは食べこぼしが少ないが,途中からだんだん姿勢が崩れ,箸やスプーンを口に運ぶのが困難になってくること。
・車いすの座面とテーブルの高さが,太郎さんの身長には合っていないようであること。
　また,食事前の太郎さんの活動にも注目してみたところ,次のことが分かりました。
・午前中は起床してからずっと車いすで生活されており,昼食前は長時間座りっぱなしで過ごしていること。

　これらを踏まえ,太郎さんが姿勢を保ちやすいように支援を変更してみました。

「食べこぼし」にはいろいろな理由がある

　「食べこぼす＝食べづらい」ということです。食べづらい理由は,太郎さんのように姿勢の問題,姿勢を保持する体力の問題もあります。ほかにも,食器や箸,スプーンが本人に合っていない,視力の低下で食べ物が見えづらくなってきた,食べ物を口に運ぶ腕の筋力の低下,スプーンを持つ握力の低下,口が開けづらい,または開けるタイミングがずれるなど,いろいろあると思います。

　ケアスタッフは,太郎さんに今どのようなことが起こっているか知ろうとしました。一人ひとりに起こっていることは,千差万別です。だからケアも千差万別。その人のその時に応じたケアを工夫することで,尊厳を守ることにつながっていくのかもしれません。

事例10　食欲がなく,

　食欲がないため, 食事量を減らしたが…

　美津子さんは, 少し認知症の症状が出てきています。施設で生活をしていますが, 最近食欲がなく, 食事を配ると「こんなにたくさん食べられないわ」と食事を残すことが多くなりました。ケアスタッフは, 食事量が多いことが美津子さんへの負担になると考え, 食事量を半分に変更したのですが, その後もなかなか食事を摂っていませんでした。心配したケアスタッフは食べてほしいばかりに,「ちゃんと食べて！」「食べないと注射になるよ！」と強い口調で言ってしまいます。美津子さんの表情は一層険しくなっていきます。

「食べる量」ばかりに気を取られると…

　ケアスタッフは, 美津子さんの「たくさん食べられない」という発言から,「年齢的にたくさんは食べられないだろう」と考えたようです。「食べる量」ばかりを気にしてしまい, なぜ食べられないのかということまでは理解できなかったようです。そして, 食欲がわかない美津子さんに対して,「ちゃんと食べて！」と強い口調で急がせ, 食べないと痛い思いをする「注射」という言葉で怖がらせるかかわりとなっています。

　美津子さんはケアスタッフのかかわり方により, 口を一文字にして顔を横に振ったり, 手で口を塞いだりして,「いらない」「食べない」と言われています。無理をしてでも, 食べていただくことが本当に良いケアでしょうか。

利用者の変化に目を向ける

　普段の生活の中で美津子さんの変化に気付くことが大切です。美津子さんのように, 不安があっても自ら表現されない方はいらっしゃいます。その気持ちを察することができないと, 不安な気持ちを抱きながらテーブルに座っていることになります。「楽しく食事をする」という食事の基本を忘れているようです。美津子さんの気持ちになって考えてみる必要があるでしょう。

食事量が減ってきた

 食べられない理由はさまざまある

　美津子さんは，少し認知症の症状が出てきています。施設で生活をしているのですが，最近食欲がなく，「こんなにたくさん食べられないわ」と食事を残すことが多くなりました。今日の昼食時も食欲がない様子です。心配したケアスタッフは，美津子さんにどうして食欲がないのかゆっくり話を聞くことを決め，その場では「食欲がないのであれば，無理して食べる必要はないのですよ。食べられるだけでよいので，ゆっくり召し上がってください」と笑顔で優しく声を掛けました。美津子さんはゆっくりと食べはじめました。

「食べられない」という言葉の背景にあるものは？

　ケアスタッフは「たくさん食べられないわ」という発言を聞き，最初に笑顔で優しく，共感を示しながら接することにしました。「無理して食べなくてもよい」という優しい言葉に，美津子さんの気持ちはホッと安らいだと思います。そして，食欲がない要因についてケアスタッフが伺うと，「私は女学校に通っていたのよ」「うんちを漏らすなんて恥ずかしい」「うんちが出るからご飯はいらない」などの情報が集まりました。美津子さんは何年も前から紙おむつで排泄をされていたのですが，漏らすから食べたくないと考えてしまったようでした。

　ケアスタッフは，利用者の身体・精神・環境は食欲に大きな影響を与えることを理解する必要があります。よって，美津子さんが「こんなに食べられないわ」と言われた理由を探っていく姿勢が大切になります。身体に痛みがあるのか？　入れ歯の不具合か？　食事を摂る場所やテーブルの高さ，座り心地などに心配事があるのか？　また，認知症が少しずつ進行しているなど，いろいろな視点から考えていくようにします。

　さらに，高齢であることから，老化や障害，認知症，病気の影響が食欲不振となって現れてくることも考えられます。身体的理由として，慢性胃炎，肝機能低下，腹部膨満，便秘などが原因となることもあります。一度にたくさん食べられない場合，1日に4，5回に分けて食べてもらってもよいでしょう。

　無理強いしないかかわりによって，美津子さんも食事の時間の笑顔が増えました。

事例11　突然お茶や食事を摂らなくなり

 突然，お茶や食事を摂らなくなり，意識が朦朧(もうろう)としはじめた

　介護老人保健施設に入所している咲子さんは，突然，お茶や食事を摂ってくれなくなりました。理由を聞いても，何も話しません。ケアスタッフは心配し，咲子さんの口元まで湯飲みを持っていくのですが，飲んでくれません。やがて，咲子さんの意識は朦朧としはじめて，目の前の食事のトレーを引っ繰り返してしまいました。ケアスタッフは，咲子さんにどのように支援をしたらよいのか分からず，途方に暮れてしまいました。

ほかの専門職とのチームアプローチを

　咲子さんが，急にお茶や食事を摂らなくなった理由として，どのような可能性が考えられるでしょうか。

　咲子さんの健康状態を知るためには，ほかの専門職からアドバイスをもらう必要があります。ケアスタッフは，咲子さんのお茶や食事を摂らなくなった前後の生活の様子について，ほかの専門職と情報を共有し，多職種連携によるチームアプローチを視野に入れて話し合ってみましょう。

　お茶を飲まなくなると，脱水症状に陥る危険性があります。水分摂取量だけでなく食事摂取量の低下や，排尿・排便の変化が生じることもあるので，各記録物を見直しながら多職種と連携する必要があるでしょう。また，脱水症状の徴候として，意識が朦朧としてくるということを知らないと，咲子さんの行動は，認知症がひどくなったように見えるかもしれません。

　咲子さんの健康状態を知る上では，介護老人保健施設の医師や看護師との連携だけでなく，歯科医師や歯科衛生士との連携も視野に入れるとよいのではないでしょうか。突然の変化の理由が，ケアスタッフだけでは探れない時には，積極的にほかの専門職の協力を得ることによって，多角的に検討することが大切です。

　だからこそケアスタッフは，日頃のケアを行う際，ほかの専門職に情報を発信し，具体的に共有できるよう記録物を活用する視点が重要でしょう。

口腔ケアの必要性

　口腔ケアは義歯を洗浄するだけでなく，口腔内全体を見ることが大事であると言えます。口腔内を清潔に保つことによって，さまざまな病気の予防にもつながります。舌のケアまでしっかり行うことで，口臭や口内炎の発症リスクを抑えることができます。ケアスタッフは，本人が言葉で説明できないことも探っていく姿勢を大切にしなければなりません。

体調不良が心配

 おいしくお茶を飲み，穏やかな生活に

　咲子さんがお茶や食事を摂らなくなったことを看護師に相談すると，その理由として，口内炎ができている可能性があるのではないかと指摘されました。咲子さんと最も仲の良いケアスタッフが，咲子さんの義歯を外した時に口の中を見せてもらうと，確かに口内炎ができていました。痛みを抑える薬を看護師に塗ってもらうと，咲子さんはお茶を飲めるようになりました。お茶を飲めるようになると，意識もはっきりとしてきました。そして，少しずつ食事を召し上がるようになりました。お茶や食事を摂ることができるようになり，咲子さんの生活は，また穏やかな毎日に戻っていきました。

他職種に相談することで得られた視点

　咲子さんについて看護師に相談すると，お茶や食事を摂らなくなった理由として，口内炎ができている可能性を指摘されました。咲子さんの場合，看護師に相談することで，「口内炎」という視点を持つことができたのは，多職種連携の良い事例と言えるのではないでしょうか。

　さらに，咲子さんと最も仲の良いケアスタッフが丁寧に無理強いすることなく，咲子さんの義歯を外すかかわり方が良かったと思います。誰しもいきなり口の中を見られることは恥ずかしく，かかわり方次第では拒否され，精神的に負担となることでしょう。

水分を摂ることができるようになった結果…

　その後，痛みを抑える薬を看護師に塗ってもらうと，咲子さんはお茶を飲めるようになりました。お茶を飲めるようになると，意識もはっきりとしてきて，少しずつ食事を召し上がるようになりました。心臓や腎臓に疾患や障害がなく，水分摂取が本人の負担とならない限り，こまめにお茶を飲むことは，脱水症状の予防だけでなく，食欲低下の防止，適切な排泄の促進，リラックス効果にもつながります。

　咲子さんは，水分を十分に摂取できるようになっただけでなく，食事を召し上がるようになった結果，生活の滞りは解消され，また穏やかな毎日に戻っていきました。このように，義歯の不具合や，栄養状態が悪くなることで口内炎ができることに早期に気付くためにも，多職種連携による適切な支援を行うことが重要です。この事例でも，看護師との連携の重要性を考える機会となったのではないでしょうか。

　また，口腔ケアは，義歯を洗浄するだけではなく，口腔内全体をケアする視点が大切です。舌や義歯を外した状態での口腔内まで，十分に状態観察をすることで，より良い口腔ケアを提供できます。

事例12　「虫が入っている！」と

「ご飯に虫が入っている！」と叫び，
食事を摂ろうとしない

　グループホームに入所している美恵子さんは，食事のたびに，「ご飯に虫が入っている！」と叫び，食事に手を付けようとしません。ケアスタッフには，美恵子さんが言う虫は見えません。「虫は入っていませんよ」と繰り返し説明しますが，美恵子さんは納得しません。食事を摂らない美恵子さんの体重は，少しずつ減ってきています。美恵子さんに食事を摂ってもらうには，どのような支援が必要でしょうか。

美恵子さんの発言から考えられることは？

　美恵子さんはなぜ，「虫が入っている！」と叫ぶのでしょうか。まず，美恵子さんの言動に注目してみましょう。美恵子さんの症状は，「幻視」ではないでしょうか。もし恵美子さんに幻視が続くようであれば，レビー小体型認知症の可能性が考えられるでしょう。

　恵美子さんの様子について，さらに日常生活での歩行障害，パーキンソン症状の有無を観察しながら，医師と連携した上で早期受診・早期診断につなげるとよいでしょう。随時医療と連携することによって，適切な薬を処方してもらうことができるようになります。レビー小体型認知症の場合，急速な症状の変化が生じるため，多職種連携がより求められると言えます。

美恵子さんの気持ちを考えてみましょう

　ケアスタッフには見えない虫が見えている美恵子さんの気持ちを，どのように理解すればよいでしょうか。もし，ご飯に虫が入っているように見えたら，気持ちが悪くて手を付けたくないというのは，自然な気持ちではないでしょうか。

　虫が入っているのは事実ではないことを知っているケアスタッフは，悪気はないものの，「本人の実感」を認めることなく，ついつい美恵子さんの発言を無視しています。「どこにあるの。見えないよ」「勘違いだから気にしないで」「大丈夫，大丈夫」など，恵美子さんの言動を気に掛けることなくかかわってしまうことは，「本人の実感」を認めないことにつながるため，注意が必要ではないでしょうか。

　ケアスタッフだけで，美恵子さんの状態を深くアセスメントしていくことは難しいかもしれません。やはり，医療職やリハビリテーション職などとの多職種連携が必要です。

　「ご飯に虫が入っている！」という発言は，ほかの利用者からも理解されず，「嫌なことを言う人」と誤解されることがあるかもしれません。そうすると，その発言から人間関係も悪化していくことが考えられます。

食事を拒否

 一緒にご飯をよそい食事を摂ることで，安心して食べられるように

　美恵子さんの発言について主治医に相談すると，美恵子さんの認知症はレビー小体型認知症で，幻視が見えやすいということでした。そこでケアスタッフは，美恵子さんの目の前で自分の分と美恵子さんの分のご飯を一緒によそい，ケアスタッフも美恵子さんの目の前でそのご飯を食べるようにしました。最初は納得していなかった美恵子さんも，恐る恐るご飯に手を付けてくれるようになりました。そして，「みんなも食べているから，大丈夫なんだね？」と，食事を摂ることができるようになりました。食事を摂ることができるようになり，体調も良くなっていきました。

それぞれの認知症の症状を理解する

　美恵子さんの主治医の説明により，ケアスタッフはレビー小体型認知症の特徴を知ることができました。レビー小体型認知症の特徴は，幻視が見えやすいことと，歩行障害によって転倒しやすいことだと説明を受けました。さらに，主治医から「恵美子さんの幻視や認知症の状態に応じて，薬の処方も随時調整するので，服用後の生活の様子を観察してください。しっかりと連携を取りましょう」といった話を受けました。

　ケアスタッフは，アルツハイマー型認知症や血管性認知症，レビー小体型認知症といったタイプ別の認知症の特徴を理解することが大切です。さらに大切なことは，早期受診・早期診断による多職種連携ではないでしょうか。

美恵子さんと共に過ごし，信頼関係を構築する

　この事例では，美恵子さんの発言を無視するのではなく，「もし虫が入っているように見えたら，それはご飯を食べたくなくなりますよね」と気持ちを理解するようにしたことで，美恵子さんとケアスタッフの信頼関係が築かれていきました。恵美子さんは，親身になって話を聴いてもらっていると実感されたから，信頼関係を構築できたのでしょう。

　さらにケアスタッフは，「虫が入っている」ように見えるかもしれないけれども，「虫は入っていない」ことを納得してもらうために，自分自身のご飯と美恵子さんのご飯を一緒によそうことにしました。美恵子さんの目の前で一緒に食事を摂ることにより，美恵子さんも自分のご飯に手を付けられるようになりました。ケアスタッフも「一緒に過ごす」ことで，自らの幻視によって不安や混乱が生じることなく過ごせるようになったのでしょう。その結果，恵美子さんは食事を摂ることができるようになり，体重も元に戻り，健康状態も良好になりました。

排泄場面で見られるケア　　事例13　耳が遠い

ほかの利用者のいる前で排泄のことを尋ねると…

　時夫さんは毎日便秘気味で苦しい思いをしています。朝食時に，新人ケアスタッフが出勤してきました。時夫さんのテーブルまで来て，耳の遠い時夫さんのために大きな声で「時夫さん，今日，便は出ましたか？」と質問しました。時夫さんは耳が遠いため聞こえていないのか，聞こえていても返事をしないのか分かりませんが，自分のことではないといったような様子です。

　再度，新人ケアスタッフが「聞こえますか？　時夫さん！　便は出ましたか？」と質問しましたが，その後時夫さんは怒ったような顔つきでプイッと横を向いてしまいました。

時夫さんとほかの利用者の気持ちを考えてみましょう

　時夫さんへの声掛けに対して，同じテーブルの方や時夫さん自身はどう思われたでしょうか。時夫さんは，毎日便秘気味で苦しい思いをしている状況があるようです。ケアスタッフはこの状況をどのように考え，どうかかわるとよいのでしょうか。

　まずは，排泄に関する話は，人前で話されるとどのような心境となるか考える必要があります。本人にとっては「恥ずかしい」「プライドを傷付けられた」など，気分のよい話ではないでしょう。

　一方，ほかの利用者の心境はどうでしょうか。「聞きたくない」「私も同じ対応をされたら嫌だ」など，同様に気分のよい話ではないはずです。

　この事例の場合，朝食時に新人ケアスタッフが出勤し，時夫さんのテーブルまで来て耳の遠い時夫さんのために大きな声で「時夫さん，今日，便は出ましたか？」と質問しました。大声で対応することは，本当に本人のためになる声掛けであり，本人や周囲の利用者に配慮あるかかわり方と言えるでしょうか。時夫さんは，「朝食中に人前で聞くのか！」と思っているかもしれません。

　そして，ケアスタッフの「聞こえますか？　時夫さん！　便は出ましたか？」という声掛けに対して，時夫さんは怒ったような顔つきでプイッと横を向いてしまいました。排泄に関して大声で尋ねることは，ケアスタッフにとっては親切心からであったとしても，時夫さんの自尊心を傷付ける対応であったと言えるでしょう。

　排泄に関する話は繊細な部分であるからこそ，周囲の環境に配慮したかかわり方が必要ではないでしょうか。

便秘気味の利用者への声掛け

 周囲の状況に配慮しながら，排泄のことを尋ねると…

　ある日の朝食中，時夫さんはみんなで話しながら食事をしていました。そこに，新人ケアスタッフが出勤してきました。「おはようございます。お食事はいかがですか？」と，元気よくみんなの顔を見て声を掛けました。

　食事介助・下膳などが終了し，各自居室に戻ろうとされています。時夫さんもその一人です。新人ケアスタッフは時夫さんの顔を見て，「時夫さん」と声を掛けます。ほかの方に聞こえないように配慮しながら，「すみません，聞かせてください。今朝は便が出ましたか？」と聞きました。時夫さんはにこりとして，「明け方にあったよ，すっきりした」と言われました。「じゃあ，今日は元気で気分よく過ごせますね！」と新人ケアスタッフは声を掛けました。新人ケアスタッフは，看護師から預かった下剤を看護カートに戻しました。

日頃から話し掛けやすい雰囲気づくりを

　新人ケアスタッフが出勤した際，食事中の時夫さんたちに「おはようございます。お食事はいかがですか？」と元気よくみんなの顔を見て声を掛けています。出勤したらすぐに忙しそうな表情をするのではなく，話し掛けやすい雰囲気づくりも大切になります。

　その後，食事介助・下膳などが終了し，各自居室に戻った環境で，時夫さんの顔を見て声を掛けることは，ケアスタッフが本人と周囲の利用者に配慮あるかかわり方を理解している一場面ではないでしょうか。そして，ほかの方に聞こえないように配慮しながら，「すみません，聞かせてください。今朝は便が出ましたか？」と聞く対応は，本人の自尊心を保つ上で，重要なかかわり方と言えます。だからこそ，その後時夫さんと新人ケアスタッフの会話は，「明け方にあったよ，すっきりした」「じゃあ，今日は元気で気分よく過ごせますね！」となりました。

　この事例では，日頃の挨拶や食事中の会話などの何気ない利用者とのコミュニケーションの連続が大切であることに気付く機会と言えるのではないでしょうか。排泄の声掛けの前に，日頃からの挨拶や本人に関心を示す基本姿勢があり，時と場所，本人の羞恥心や自尊心に配慮しながら，身体の具合を確認していくことが大切になります。

事例14　退院後，トイレで

 排泄を褒められ，戸惑ってしまい…

　介護老人保健施設に入所中の勝さんは，病院から入所してきました。病院ではベッド上でおむつ交換をしていましたが，座位保持が可能になったことで，トイレに座る練習を始めました。最初のうちは便座に座るだけで排尿はありませんでした。

　しかし，回数を重ねた結果，トイレでの排尿が見られました。ケアスタッフは，トイレで排尿があったことに感激し，「勝さん，おしっこ出たよ。良かったね」と，勝さんに向け何度も言いながら頭をなでました。勝さんは喜んでいるだろうと思いきや，ケアスタッフから目をそらし，うつむいたまま複雑な表情をしていました。

勝さんの気持ちを考えてみましょう

　勝さんは，なぜケアスタッフから目をそらし，うつむいたまま複雑な表情をしていたのでしょうか。

　排泄の支援を行う際は，相手の羞恥心やプライドに配慮のあるかかわり方が必要です。もし，配慮のないかかわり方を受けた場合，どのような心境になるでしょうか。決して，ケアスタッフに笑顔を見せる状況ではないと考えます。

　また，ケアスタッフに悪気がなくとも，勝さんのように長年の人生経験がある大人が，「勝さん，おしっこ出たよ。良かったね」と子ども扱いするような声掛けを受けたら，素直に喜ぶことができない複雑な心境になるのではないでしょうか。その心境を象徴するかのように，勝さんはケアスタッフから目をそらし，うつむいたまま複雑な表情になったと考えられます。

自尊心を保つ対応を

　排泄の支援では，支援する方の自尊心を傷付けないかかわり方が重要と言えるでしょう。ケアスタッフは，おむつ交換の必要があった勝さんだからこそ，トイレで排尿があったことに喜び，共感しようとしたと思います。しかし，今回のケアスタッフのかかわり方は，勝さんに共感する姿勢はあるものの，喜び方への配慮が不十分であり，「子ども扱いする」ような声掛けを改善することが求められます。

　トイレで排尿があったことは喜ばしいことだとしても，「おしっこ出たよ。良かったね」と何度も言うことは避ける必要があるでしょう。本人の受け止め方次第では，侮辱されたという気持ちが生じる可能性もあります。もし，ケアスタッフの声掛けが勝さんに誤解された場合，その後の関係を修復するのに，とても時間が掛かることでしょう。

　ケアスタッフは，勝さんとより良好な信頼関係を築き，勝さんの前向きな日中活動の充実，リハビリテーションの参加意欲の向上，在宅生活への移行を目指した自立支援を提供する必要があります。だからこそ，常に勝さんの尊厳を意識し，一人の大人として接する視点でのかかわり方や声掛けが重要になります。

排泄ができるようになり…

利用者と目標を共有しながらのトイレの練習

　介護老人保健施設に入所中の勝さんは，病院から入所してきました。病院ではベッド上でおむつ交換をしていましたが，座位保持が可能になったことで，トイレに座る練習を始めました。最初のうちは便座に座るだけで排尿はありませんでした。

　しかし，回数を重ねた結果，トイレでの排尿が見られました。見守りをしていたケアスタッフは，勝さんに「今，排尿はありましたか？」と尋ねると，勝さんはコクッと頷きました。

　後始末を終えてトイレから出た後に，ケアスタッフは「毎日トイレに座る練習をしてきたことで，今日排尿がありましたね。明日からも座ることを続けることで，おむつがはずせるかもしれませんね。そのためにも，一緒に頑張りましょう」と伝えると，勝さんは目を輝かせながら「ありがとう」と言いました。

寄り添い支援する声掛け

　この事例では，排泄の有無を確認する際，「今，排尿はありましたか？」と，さりげなく排尿の有無を尋ねています。そして，トイレから出た後に，ケアスタッフは「毎日トイレに座る練習をしてきたことで，今日排尿がありましたね。明日からも座ることを続けることで，おむつがはずせるかもしれませんね。そのためにも，一緒に頑張りましょう」といった声掛けをしています。ケアスタッフから一方的に「頑張ってください」と発言するのではなく，「一緒に頑張りましょう」と，そばで共に寄り添いながら支援する気持ちが伝わる対応だったのではないでしょうか。

　排泄中の勝さんに必要以上にあれこれ聞くことなく，勝さんを一人の人生経験のある大人として向き合っている様子が感じられると思います。ケアスタッフは，安易に「おしっこ出たよ。良かったね」と言うのではなく，勝さんの自尊心に配慮したかかわり方ができていると言えるでしょう。

利用者と目標を共有する

　排泄の支援においては，ケアスタッフと勝さんが一緒に目標を持ちながら毎日トイレに座る練習を行ったからこそ，勝さんの喜びにつながり，「ありがとう」の言葉が表出されたのではないでしょうか。また，ケアスタッフの勝さんに対する誠実な態度とかかわり方によって，勝さんはトイレに座る練習を毎日やり通すことができたのではないでしょうか。このケアスタッフの丁寧なかかわり方が，勝さんの意欲や能力を引き出したと言えます。

事例15　「トイレに連れて行って！」

 繰り返し「トイレへ連れて行って！」とコールを鳴らす

　特別養護老人ホームに入所している愛子さんは，夜，1時間のうちに15回，20回と「トイレへ連れて行って！」とコールを鳴らします。日中も何度も「トイレへ連れて行って！」と言われるのですが，実際にはトイレへ行っても尿は出ません。そのためケアスタッフは，「またぁ…。困ったなぁ…」と思いながら，10回のうち1回ぐらい対応し，それ以外は無視しています。しかし，夜中にコールが鳴り続けると，やがてほかの利用者が起き出し，同じようにコールを鳴らし続けることになります。そうするとケアスタッフはパニックになり，精神的にもとても疲弊していきます。愛子さんのような人には，どのようにケアすればよいでしょうか。

ケアスタッフはどうとらえているでしょう

　夜，1時間のうちに15回，20回と「トイレへ連れて行って！」とコールを鳴らされ，日中も何度も「トイレへ連れて行って！」と言われたら，ケアスタッフはどのような心境となるでしょうか。さらに，実際にはトイレへ行っても尿は出ない場合は，ケアスタッフの立場からすると，「またぁ…。困ったなぁ…」「愛子さんは認知症だから，トイレへ行ったことを忘れたのだろう」「愛子さんは淋しいから，コールを鳴らして私たちの気を引こうとしているのではないか」という考えが生じるかもしれません。

　愛子さんの排泄に関する訴えに対して，ケアスタッフは何が原因なのかを考え，情報収集しながら排泄への対応を行っているでしょうか。ただ，何回かに1回の排泄介助を行うだけでは，なかなか愛子さんのニーズを満たすことは難しいと思います。

多角的なアセスメントを

　排尿がない場合は，服用している薬の影響や1日の水分摂取量などを確認し，医師や看護師と連携することが必要になるかもしれません。ケアスタッフは，愛子さんの排泄に関する状況を排泄の課題としてとらえるだけでなく，食事など他方面への視点も大切にして多角的にアセスメントし，各専門職と連携することが必要ではないでしょうか。

頻回にコールを鳴らす

 排泄のリズムが整い，穏やかな生活に

　昼間にも頻繁にトイレへ行きたがるものの，実際には尿が出ることはなかった愛子さんの水分摂取量は，1日に湯飲み5杯分ぐらい，つまり600mLぐらいでした。看護師に相談すると，病院で医師に診てもらう必要があるということになりました。結果は，尿路感染症ということでした。医師から炎症を抑える薬を処方され，ケアスタッフは1日1,500mLを目安に，水分摂取を促すようにしました。温かい飲み物や冷たい飲み物など，愛子さんの好きな飲み物を複数用意しました。やがて炎症は治まり，トイレへ行く回数が減りました。そして，実際にトイレへ行く時には，尿が出るようになりました。

　今では，愛子さんはトイレのことを気にすることなく，日中は大好きな塗り絵を楽しめ，夜はぐっすり眠れるようになりました。

多職種協働でアセスメントし健康を管理する

　水分摂取量が少ないと，尿路感染症になりやすくなります。尿路感染症になると，ムズムズする感覚を尿意を催しているのと勘違いすることが多くなります。

　また，多職種協働でアセスメントすることにより，愛子さんの健康状態を知ることができました。尿路感染症に対する医師からの処置と，ケアスタッフからの水分摂取量の増加を促す支援が合わさり，尿路感染症は治りました。

　尿路感染症が治ると，日中は大好きな活動に集中でき，夜中も起きることなく熟睡できるようになりました。生活リズムは整い，穏やかな生活となりました。さらに，ほかの利用者も，夜中にコールを鳴らすことなく，熟睡できるようになりました。

　ケアスタッフも，夜中にパニックになることなく，落ち着いて多職種協働でアセスメントすることで愛子さんが尿路感染であることが分かり，なぜ愛子さんが頻回に「トイレへ連れて行って」と訴えていたのかを知ることができました。

食事と排泄の関連性を考えた支援

　ケアスタッフは，脱水防止の支援という視点から，水分摂取量を意識することはあるでしょう。しかし，尿路感染症を意識しながら，水分摂取量を考えることは少ないかもしれません。食事と排泄との関連性を考えながら，生活支援をすることは重要です。

　水分摂取量を増やす支援を行う際，必ず利用者の視点で考え，湯のみなどの器を工夫する，回数を細かく分けて提供する，好きな飲み物を用意する，場所や雰囲気づくりを大切にするなどの点が重要となります。

事例16　尿漏れが気になって

 尿漏れを気にして，外出しなくなっていった

　訪問介護サービスを利用している恵さんは，このところ，笑ったりくしゃみをしたりする時に，尿が漏れることが多くなりました。歩いている時にふと立ち止まり，力が抜けた瞬間に尿が漏れることもあります。尿が漏れた後はズボンの染みが気になり，恥ずかしくて外出時はすぐ家に戻ります。最近は，尿漏れを気にして，外出しなくなりました。外出をしなくなってから，塞ぎ込んだ表情が多くなっています。恵さんには，どのような支援が必要でしょうか。

尿漏れを起こす原因は？

　なぜ，恵さんは外出をしなくなり，塞ぎ込んだ表情が多くなってきたのでしょうか。恵さんの場合，排泄に関する不安や悩み，そして外出できないことに対する葛藤があるのではないでしょうか。歩いている時にふと立ち止まり，力が抜けた瞬間の尿漏れや，笑ったりくしゃみをしたりする時の尿漏れは，腹圧性尿失禁が考えられます。膀胱や尿道の「しまり」が悪くなっている状態であり，尿道括約筋がうまく働かないことや，尿道を支える骨盤の筋肉が弱くなっていることが原因で，女性に伴いやすい失禁でもあります。

　最近，恵さんは尿漏れを気にして，外出をされなくなっていますが，それではかえって筋力が低下し，より尿漏れがひどくなる恐れがあります。また，塞ぎ込んだ表情が多いことから，恵さんにとって自分自身の尿漏れをケアスタッフや看護師などの周囲の専門職に相談することができず，徐々に元気を失いつつあり，憂鬱な状態となっていることが考えられます。

専門職だからできること

　排泄に関する不安や悩みは，本人の羞恥心やプライドに配慮することが重要だからこそ，利用者同士での話し合いは難しく，日頃から生活支援を担う専門職の「受容」「共感」の姿勢が大切です。今，その人が体験している現実を理解しようと心掛け，その人が何を感じ，何に心を揺り動かされているのかを感じ取ろうとすることが必要です。尿漏れについて気軽に相談できる人ばかりではないことを忘れてはいけません。

　さらに，「なぜ，外出しなくなったのか」ということについて，各専門職がどのようにかかわるのかを考え，共通認識を持ちながら生活支援をすることが必要ではないでしょうか。紙おむつの使用をいきなり勧めるのではなく，恵さん本人の気持ちや状態を尊重しながら支援することが重要でしょう。

外出できない

 再び散歩に出られるように！

　ホームヘルパーは，恵さんにリハビリパンツの使用を勧めてみました。最初は，少し抵抗があったようですが，仲の良い友人のところを訪ねるために，恵さんはリハビリパンツを着用してみることにしました。また，ケアマネジャーが恵さんと相談し，訪問リハビリテーションのサービスを受けることにしました。理学療法士が，骨盤底筋訓練の方法を説明してくれました。また，家の中にこもるのではなく，散歩を続けることで筋力が維持され，尿漏れは改善していくという説明を受けました。散歩を続けているうちに，だんだん尿漏れは改善していきました。恵さんの生活に再び笑顔が戻ってきました。

利用者の思いに寄り添い悩みを解決に導く

　なぜ，恵さんの生活に再び笑顔が戻ってきたのでしょうか。ホームヘルパーは，外出されなくなった恵さんに，最適と思われる排泄用品を提案しました。初めは抵抗を感じていた恵さんでしたが，ホームヘルパーが恵さんの思いに寄り添い，「尿が漏れたらどうしよう…」という不安を軽減することができたことで，リハビリパンツを着用して外出ができるようになりました。恵さんの一番の心配事であった尿漏れの不安が軽減すると，活動範囲が拡大していきました。

　その際，恵さんの気持ちを周囲の専門職が共通理解をし，恵さんにとっての悩みを受け入れる姿勢を示すと共に，尿漏れの状況に配慮した尿取りパッドやリハビリパンツなどを効果的に使用することを提案し，本人と共に考えていく対応が大切です。

　ケアマネジャーが恵さんに情報提供することで，腹圧性尿失禁には骨盤底筋訓練が有効であるという専門職からのアドバイスをもらうことができ，「高齢なんだから仕方がない」「恥ずかしいから外出したくない」と家にこもった生活から抜け出せなくなることを防ぐことができました。

尿漏れの改善で，生活全体の質が高まる

　多くの場合，失禁について相談することには抵抗があります。その点に十分に配慮して，自尊心を傷付けることのないように努めることや，言葉だけでなく，恵さんが何を感じ，なぜ塞ぎ込んだ表情なのかを感じ取ろうとすることが大切だと思います。

　恵さんは外出する機会を増やし，散歩をしながら安心した生活を過ごすことができるようになりました。また，日中の活動量が増加し，腹圧性尿失禁が改善されるだけではなく，夜間に安眠できるようになり，食事摂取量も増加していきました。生活リズムが整い，生きがいを継続することで笑顔が戻り，「生活の質」が高まっていくことになるのではないでしょうか。

入浴場面で見られるケア　　事例17　入浴の順番

入浴介助が作業に…

　うめさんがデイサービスで，入浴の順番待ちをしていた時の出来事です。

　うめさんは，物事をすぐに忘れてしまいます。そんなうめさんに承諾を得ず，ケアスタッフは忙しそうに服を脱がそうとします。うめさんが少し抵抗すると，隣にいたケアスタッフに「やだわ，うめさん今日も拒否する。困ったわ」と話し掛けました。話し掛けられたケアスタッフは，「またなの？　忙しいのに」と返しました。それからしばらくケアスタッフ同士の会話が続き，うめさんは無理やり服を脱がされて浴室に連れて行かれました。

負のスパイラルを生む対応

　この事例では，本来の入浴の意味を理解していないケアスタッフが，流れ作業的に業務を進めているところに問題があるのではないでしょうか。

　この事例のケアスタッフは，目の前にいるうめさんの服を脱がせることが着脱担当である自分の役割と考え，機械的に業務を進めています。そこで，その機械的な業務が止まると，その止めた相手であるうめさんを非難し，不満を口にしています。不満を聞かされたケアスタッフも，それを和らげる言葉を返すわけではなく，逆に不満を口にしているケアスタッフの気持ちに拍車を掛けるような言葉を返しています。そして，うめさんはマイナスの言葉が自分の頭の上を飛び交うのを聞いて嫌な気持ちになり，抵抗を続けてしまいます。これが負のスパイラルです。

　デイサービスでの入浴の時間は，うめさんのためにあるはずです。その本質は陰に隠れてしまい，ケアスタッフの入浴介助という業務が優先されています。そうなったことで，うめさんのためのこの時間は，不安と疑問の時間になっています。

うめさんの気持ちを考えてみましょう

　うめさんには，誰か分からない人に何の説明もなく知らないところに連れて来られ，相手が何を考えているのか，自分が何をされるのか分からないという不安が生じています。その上，まるで追い剥ぎにでもあったかのように裸にされかけています。

　うめさんが入浴を理解していたと仮定した場合，入浴を拒否する理由について探るため，ケアスタッフはうめさんに身体の調子などを確認する必要があります。もし，うめさんが入浴を理解していないのであれば，うめさんが理解できる方法で，今から入浴だということを伝える必要があります。

　最初に笑顔で挨拶をして，これから何をするのかを説明し，うめさんがどうしたいかを確認することで，不安は安心に変わり，疑問は信頼に変わり，その結果，うめさんは気持ち良く入浴できるようになるのではないでしょうか。

待ちを忘れてしまう

 気持ちの良い入浴に

　うめさんがデイサービスで，入浴の順番待ちをしていた時の出来事です。
　うめさんは，物事をすぐに忘れてしまいます。ケアスタッフが，「うめさん，おはようございます。今からお風呂ですよ。体調はいかがですか？」と優しく笑顔で話し掛けてきました。うめさんは，「調子が良いから入ろうかしら」と答えました。でも，すぐに忘れてしまいました。よく分からないけれど，みんな優しい人たちばかりでした。ケアスタッフは，統一した声掛けとかかわり方をしました。その人たちの言うとおりにしていたら入浴することができました。
　湯船に入りながらうめさんは思いました。「ここは，いつものデイサービスのお風呂ね。あぁ，気持ちが良いわ」

ケアスタッフ間でかかわり方を統一する
　この場面では，物事をすぐに忘れてしまううめさんのことを，ケアスタッフがチームでケアしたことで，今日も気持ち良く入浴することができました。
　デイサービスのケアスタッフは，朝うめさんがデイサービスに来られた時にバイタルチェックをして，体調が良いことを確認しています。そして，本人に入浴することへの意思の確認も取りました。けれどケアスタッフは，入浴の順番をお伝えした時のうめさんの不安そうな表情を見て，入浴することを忘れていることを確認しました。すぐにケアスタッフ間で，うめさんへのかかわり方を次のように統一しました。
①優しい声掛けと笑顔で接する
②急がせない
③できないところだけ手伝う
　その結果，うめさんは，よく分からないけれど，何となく良い気分になり，湯船に入りながら「そうか。お風呂だったんだ」と思い出すことができました。うめさんは物事をすぐに忘れてしまいますが，感覚は覚えていたのです。それは，ここへ来るといつも何となく気分が良く，落ち着くという感覚です。その感覚はどうやって備わったのか——常日頃のケアスタッフのうめさんへのかかわり方の積み重ねではないでしょうか。短期記憶が欠如していく認知症の方にとっては，この感覚は記憶よりも勝るものになるのかもしれません。
　そして何よりチームケアが大切です。デイサービスのケアスタッフが，「うめさんに気持ち良くお風呂に入ってもらう」ということを心掛けていること，そしてうめさんが，物事をすぐに忘れてしまうことを把握していること，忘れてしまった場合はどうすればよいかケアスタッフ間で統一していることが，とても重要になってくるのではないでしょうか。

事例18　入浴を拒否する

 入浴を拒否し，暴れてしまう

　特別養護老人ホームに入所中の伸夫さんはベッドで寝ていることが多く，今日もベッドで過ごしています。するとケアスタッフが「散歩がてら神社へお参りに行きましょう」と言ったため，喜んでベッドから離床し散歩に行こうとしました。

　しかし，到着したのは浴室の着脱場です。「話が違う」と戸惑う伸夫さんをよそに，先ほどと違う着替え係のケアスタッフが，着ている服を脱がそうとします。全身で入浴を嫌がる伸夫さんを見ながら，ケアスタッフは「また入浴拒否が始まった」と困り果てています。

伸夫さんに生じた「騙された」という気持ち

　自宅にいる時はお風呂が大好きだった伸夫さんですが，何に納得がいかず怒ったのでしょうか。

　散歩がてら神社へお参りに行けると思っていた伸夫さんは，着脱場に着いた際，さぞ困惑したと思います。「久しぶりに外に行けるから楽しみだ」「誘ってくれたケアスタッフに感謝したい」と思っていたかもしれません。

　その伸夫さんに対して，いくらベッドから離床させ入浴させるためとは言え，「散歩がてらお参りに行きましょう」と誘い出すことは，騙す・欺くという行為に該当します。怒ってしまったら，その後にどのような説明を受けても騙されたという思いはずっと残り，伸夫さんはケアスタッフに対して不信感を抱くのではないでしょうか。

　また，最初に誘ってくれたケアスタッフに，なぜ騙したのか問いただそうにも，そのケアスタッフは誘導係のため着脱場にはおらず，見たこともない，知らない着脱係のケアスタッフが突然服を脱がしに掛かります。

　ケアスタッフは，決められた人数の入浴介助を，時間内に終わらせなくてはいけないことが第一にあり，伸夫さんという「人」を見ずに流れ作業になっています。これは，利用者を物扱いするという行為に該当します。騙され，物扱いを受けた伸夫さんが怒り，入浴を嫌がるのは，むしろ当たり前ではないでしょうか。

　それ以外にも，自宅での入浴状況を調べ，現在の入浴環境との違いを明確にし，なぜ現在ベッドで寝ていることが多いのか，施設の入浴を嫌がるのかを，チームで分析することも大切です。

利用者への対応

 入浴後,「またよろしくな」と言われるように

　特別養護老人ホームに入所中の伸夫さんはベッドで寝ていることが多く, 夕食後いつものようにベッドで過ごしていました。すると「伸夫さん, 今からお風呂に入りに行きましょうか」とケアスタッフが来ました。伸夫さんは,「お風呂はいいです」と一度断りましたが,「夕食も食べたので, 後は湯船につかりすっきりして寝ましょう。お風呂を出て部屋に戻るまで, 私が隣でお手伝いします」と言うと,「それなら」と了承し浴室へ行きました。

　浴室には, 伸夫さんが自宅で入浴するたびに口ずさんでいた音楽が流れ, とても心地の良い空間で, 伸夫さんは終始笑顔でした。部屋に戻った際には,「良い風呂だったぁ。またよろしくな」と言われ, 眠られました。

普段の利用者の生活環境を知る

　伸夫さんが笑顔で入浴できたのはなぜでしょうか。

　まず, 自宅での入浴状況を調べると, 毎晩夕食を食べてから寝る前に入浴することが分かりました。さらには, 湯船で口ずさむ歌の情報も得ました。そのため, 入浴時間を昼間から夕食後に変更し, 浴室に好きな音楽を流すことにしました。そのことで, 伸夫さんは慣れ親しんだ時間に, 馴染みのある音楽を聴き, 浴室が心地良い環境に変化したと感じています。これらは, 共感をもって分かろうとしていると言えるでしょう。

　伸夫さんの入浴様式や生活スタイルを理解したことで, 伸夫さんが今の入浴に対して抱えている思いを知ることができました。そして, それらも踏まえた形でのケアが提供できたことで, 伸夫さんは気持ち良く入浴できたのではないでしょうか。

顔見知りの関係が安心感を生む

　また, 入浴介助の方法を, 誘導係・着脱係・浴室係と違うケアスタッフが担当し, 伸夫さんの不安を増大させるのではなく, 一人のケアスタッフが最初から最後まで担当し, 伸夫さんの知った顔になり安心感を抱いてもらえたことで,「良い風呂だったぁ」という声を聞くことができたと思います。これは, 共に行うことです。

　その結果, 伸夫さんより「またよろしくな」と言われ, 信頼関係の構築にもつながり, 施設においても「大好きなお風呂」に入れたのではないでしょうか。

事例19　入浴時，脱衣を特に嫌がる

 何人かで押さえ付けて入浴介助を…

　三郎さんは認知症に伴う介護拒否が強く，意思疎通が難しい方です。三郎さんは大柄で体格も良く，日により感情の起伏が大きいため，ケアスタッフは日頃からコミュニケーションを避け，三郎さんに介助が必要な時のみ声を掛ける状況でした。入浴は拒否が強く，服を脱ぐことに対して特に拒否があり，何人かのケアスタッフが三郎さんに付くことになりますが，そのことによってますます三郎さんは興奮され，ほかの利用者からは「怖い人」と見られてしまうのです。

三郎さんの入浴介助の様子

　三郎さんのように介護拒否が強く意思疎通が難しい方の場合，どのようなかかわり方が求められるでしょうか。

　「お風呂に行きましょう」と三郎さんへ声を掛けますが，「お風呂」という言葉を理解できず，返ってくる言葉は意味不明な内容が多いです。ケアスタッフが荷物を持ち，浴室まで行くことはできても，これから「何をするのか」が理解できません。「服を脱ぎましょう」と声掛けし，手伝おうとすると表情が変わり，「こら〜」「何をするんだ」「いい加減にしとけ」と大声を出し，ケアスタッフの腕や髪の毛をつかんだり，足で蹴ったりなどの行動が続き，入浴できない日が多くありました。

　主に入所施設では，半日の間に入浴を行い，限られた時間で何十人もの利用者を入浴介助することが多いと思います。三郎さんと一緒に着替えをされていた方からは，「怖い」「一緒に入りたくない」「ああいう人がどうして利用しているのか」との声が多くありました。対応するケアスタッフは，ほかの利用者と自分自身も守るために，三郎さんの両側から腕を押さえ服を脱がせ，浴室まで連れて行きます。浴室でもいすに座ることができずに暴れるため，服を脱がせる時と同じように，押さえ付けながらの入浴となります。入浴を嫌がる方は少なくありませんが，「お風呂に入る」ということへの理解が難しい三郎さんを押さえ付けて入浴させることは，本人のニーズを満たす上では仕方ないことなのでしょうか。

コミュニケーションによる信頼関係の構築

　まずは，日頃から三郎さんとのコミュニケーションが少ないことを見直す必要があります。互いの信頼関係が築きにくい状況の中，さらに強制された入浴が続くからこそ，三郎さんはますます表情が険しくなり，大きな声を出して興奮されるのではないでしょうか。

　三郎さんとの理解し合うコミュニケーションを築き上げていくために，手浴や足浴などから行ってみてはいかがでしょうか。三郎さんに対して，「あの人は怖い人」だとレッテルを貼るような状況にしないためにも，三郎さんに強制することなく，安心できるかかわり方が必要です。

利用者への対応

 手浴・足浴を通して，入浴できるように

　ケアスタッフは，ジェスチャーをしながら，一緒に週2回の手浴や足浴を行いました。ケアスタッフは，「三郎さん，温かくて気持ち良いですね」と笑顔でかかわる機会を増やしました。その後入浴の時間となり，ケアスタッフが笑顔で三郎さんに「お風呂に行きましょう」と声掛けし，一緒に浴室まで行きました。浴室では，「三郎さん，待っていましたよ」と，笑顔でケアスタッフが声を掛けてくれました。服を脱ぐことに少し抵抗はあるものの，笑顔で優しく声を掛けたケアスタッフと一緒に服を脱いでくれました。

認知症に伴う介護拒否を理解する

　入浴では身体清潔を保つと共に，羞恥心に配慮する必要があるでしょう。

　認知症高齢者の重度化に伴って，「コミュニケーション障害」や「環境への認知の低下」による入浴拒否，着脱介助の拒否などの介護拒否は多く見られます。三郎さんは介護拒否が強く，日頃から意思疎通が難しく，「お風呂に入る」ということをすぐには理解ができません。自分の意思とは関係なく，何人かのケアスタッフに無理やり服を脱がされることに対して，暴言・暴力でしか気持ちを表すことができなかったと考えます。

　認知症の有無にかかわらず，よく知らない人に無理やり服を脱がされ裸にされることは誰しも嫌なことであり，抵抗することでしょう。そこで，認知症に伴う介護拒否の強い三郎さんにとって，「どのように対応すれば，三郎さんはお風呂に入ることができるか」ということを，日頃のケアスタッフのかかわり方について話し合い，見直すことから始めることが大切な視点ではないでしょうか。

本人のニーズを満たす工夫を

　この事例では，日頃からケアスタッフと一緒に手浴や足浴を行うことによって，ケアスタッフと三郎さんのコミュニケーションの機会が増え，信頼関係を築き上げることができました。

　また，入浴にお誘いする際は，三郎さんの状態が良い時に行い，一人で入れる環境を整えることも，かかわり方の工夫として重要でしょう。そして，服を着替える際に，「ケアスタッフは穏やかな表情で丁寧に対応する」といったかかわり方は，本人の心理的ニーズを満たす上で大切な視点と考えます。ケアスタッフの認知症ケアの理解が不十分であることによって，三郎さんに間違ったかかわり方を行い，「その人らしさ」を損ねてしまうことは，双方にとって残念なことではないでしょうか。

レクリエーション場面で見られるケア　事例20　昼食後，

皿洗いをお願いし，ケアスタッフはほかの利用者と風船バレーをしていると…

　昼食を終えた鈴子さんは，自分の食器を持って立ち上がり，台所に向かいました。そして，自分の食器をきれいに洗っています。ケアスタッフは，安全を確認した上で台所から離れました。食堂の中央で風船バレーをしていた利用者がおり，ケアスタッフは風船を拾う手助けをしているうちに輪の中に入っていました。

　少しすると，ケアスタッフは背中をバンと誰かに叩かれました。振り返ると，先ほどまで台所で一生懸命に洗い物をしていた鈴子さんでした。鈴子さんは，「自分ばっかり遊んで！」とにらみ付けています。

鈴子さんの気持ちを考えてみましょう

　鈴子さんは，どうして「自分ばっかり遊んで！」とケアスタッフをにらみ付けたのでしょうか。また，鈴子さんの行動の背景には，どのような気持ちがあったと考えられるでしょうか。

　この場合，ケアスタッフには，鈴子さんに対して「本人の役割」や「居場所」をつくるというケアの目標があり，その視点を大切した認知症ケアとして，素晴らしいかかわり方を最初は行っています。一方で，鈴子さんがきれいに皿を洗っている様子から「本人の好きなこと」だと認識し，いつの間にかケアスタッフは鈴子さんに対して，「本人の好きなことだからやってもらえばよい」という意識が強くなってしまったのではないでしょうか。そして，鈴子さんはこの状況を，「本人を分かろうとしない」かかわり方と感じたのではないでしょうか。

　もし，鈴子さんが長い間専業主婦をされており，今でも自分の食器は自分で片付けることを習慣とし，時々食堂で食器を持って立ち上がる姿があったら，どのようなケアを提供するでしょうか。その場合，多くのケアスタッフは，鈴子さんに今できることはしてもらおうと思い，鈴子さんの思いを尊重し，食器洗いをお願いすることでしょう。それはとても素晴らしいケアであり，本人を中心とした良いケアだと思います。しかし，鈴子さんが食器洗いを行うことは，ケアスタッフにとってだんだんと当たり前の行動となってしまっています。

　例えば，一緒に食器を洗っていたケアスタッフがいつの間にかいなくなり，食堂でほかの利用者と風船を手にしていたら，鈴子さんにはどのような感情が生じるでしょうか。ケアスタッフは，ほかの利用者に対するケアを提供していただけだったとしても，鈴子さんからは遊んでいるように見えたのかもしれません。だからこそ，鈴子さんは「私だけに食器洗いの仕事をさせて納得がいかない！」「あなたたちだけ遊んで，許せない！」という気持ちの表現として，ケアスタッフの背中を突然叩いたのかもしれません。

片付けをお願いして

 一緒に皿洗いを行った後に，風船バレーに誘ったら…

　昼食を食べ終わった鈴子さんは，食器を持ち立ち上がろうとしています。それに気付いたケアスタッフが鈴子さんの横に行き，「食事がお済みですか？　洗ってくださるのですか。一緒に行きましょうか」と，一緒に流し台まで行きます。洗い物をしている鈴子さんの目の届く範囲で，食器の片付けなどの仕事をします。洗い物を終えた鈴子さんに，「鈴子さんがいてくれて助かります，ありがとうございます」と労を労います。鈴子さんは，自分の役割を果たせたこと，自分の存在を認めてくれる人がいることに，大変満足げな笑みを浮かべました。

　その後，「鈴子さん，あちらで風船を使ったゲームをしていますので，一緒にしませんか？」と声を掛けました。すると鈴子さんはうなずき，仲間に入り風船バレーを楽しみました。

鈴子さんはなぜ満足そうにしたのでしょうか

　鈴子さんにとってどのようなかかわり方があったことで，満足そうな笑みや充実感につながったのでしょうか。

　この事例のケアスタッフは，鈴子さんの横に行き，「食事がお済みですか？　洗ってくださるのですか。一緒に行きましょうか」と一緒に流し台まで行っています。鈴子さんのできることや役割を尊重し，それをケアスタッフが一緒に行うことは，鈴子さんにとってとても良いケアとなったのではないでしょうか。

　そして，洗い物をしている鈴子さんの目の届く範囲で，食器の片付けなど一緒に仕事をし，洗い物を終えた鈴子さんに，「鈴子さんがいてくれて助かります，ありがとうございます」と労いの言葉や感謝の気持ちを表現したことによって，鈴子さんは自分の役割を果たせた充実感を得ることができたものと思われます。もしくは，ケアスタッフからの「ありがとうございます」という誠実なかかわり方によって，自分の存在を認めてくれる人がいることを認識でき，大変満足げな笑みを浮かべたのではないでしょうか。

鈴子さんにとって大切なのは皿洗いだけではない

　笑みを見せた後の鈴子さんに，「鈴子さん，あちらで風船を使ったゲームをしていますので，一緒にしませんか？」と声を掛けると鈴子さんはうなずき，風船バレーの仲間に入って楽しむ様子が観察されました。洗い物を行うことで充実感や満足感を得た鈴子さんにとって，風船バレーは必要ないものではなく，風船バレーを行うことも，ほかの利用者と交流するとても良い機会であったと思われます。

事例21　大好きなレクリエーションの

　大好きなレクリエーションを中断させて往診を…

　大好きな音楽レクリエーションに参加していたタカさんは，とても楽しそうに歌を歌っていました。そこに，主治医と一緒に看護師が来ました。そして，タカさんに了解を得ずに，車いすを猛スピードで押していきました。看護師は，レクリエーションが行われているホールの最後方でいきなりブラウスをめくり，主治医は聴診器を当てて診察を始めました。タカさんはびっくりして思わずブラウスを下ろそうとしましたが，看護師は「ごめんね〜」と言いながらタカさんの手を押さえました。タカさんは苦痛で顔を歪めました。その後タカさんは席に戻っても，歌を歌うことはありませんでした。

タカさんの気持ちを考えてみましょう

　タカさんの表情と行動を，本人の視点からしっかりと理解し，どのような気持ちかを考える必要があります。そして，どのようなかかわり方を求めているか理解を深め，今回の看護師が行ってしまった残念なかかわり方が，日頃のさまざまな場面で行われていないかケアスタッフ間で話し合い，見直す機会にしてみてはいかがでしょうか。

　大好きな音楽レクリエーションに参加していたタカさんは，とても楽しそうに歌を歌っていました。しかし，往診に来た看護師は診察のことばかりを考えてしまい，タカさんに了解も得ずに車いすを猛スピードで押してしまったようです。これは，タカさんにとっては，物扱いされた気持ちを生じさせ，驚かす・脅かす行動となってしまったのではないでしょうか。

　さらに，看護師はほかの利用者のレクリエーションが行われている中，ホールの最後方でいきなりブラウスをめくり，診察の補助を始めました。主治医や看護師の都合からは，そこで診察すると効率性が高いと判断したのでしょう。しかし，診察室ではないオープンな場所で，ブラウスをめくって診察をするかかわり方は，本人からすると，どのような気持ちと言えるでしょうか。タカさんは恥ずかしい思いをされたからこそ，びっくりして，思わずブラウスを手で押さえたのだと思います。

　そして，診察中に看護師が「ごめんね」と言いながら，タカさんの手を押さえたかかわり方から，羞恥心に配慮のない現状の生活に嫌気がさし，やりきれない気持ちになったのではないでしょうか。だから，その後は席に戻ってもタカさんは歌うことを止めてしまったのではと考えられます。

時間に往診

診察後に大好きな音楽を楽しむ

　タカさんはホールで楽しげに歌を歌っていました。すると，往診の時間になりました。看護師がタカさんの横に行き，タカさんだけに聞こえる声で，「歌っているところすみません。往診の時間になりましたので，あちらのお部屋にお連れしてもよろしいですか？」と聞くと，タカさんはうなずきました。看護師は車いすをゆっくり押し，タカさんの居室にお連れしました。「診察をしますので，ブラウスを上げますね。タカさん，ブラウスを持っていただいてよろしいですか？」と，そっとタカさんの手を取り，ブラウスを持ってもらいました。タカさんは主治医から「異常はないですね。お元気ですね」と声を掛けられにっこりとし，深く頭を下げられました。その後またゆっくりとホールに戻り，好きな歌をほかの利用者と歌われました。診察の7分後にホールに戻ることができました。

人として尊重しながらニーズを満たす

　タカさんにどのようなかかわり方をしたことによって，本人のニーズを満たすことができたのでしょうか。タカさんがホールで楽しげに歌っている中往診の時間となった際，看護師がタカさんの横に行き，タカさんだけに聞こえる声で「歌っているところすみません。往診の時間になりましたので，あちらのお部屋にお連れしてもよろしいですか？」と周囲に配慮しながら声を掛けたことは，とても素晴らしい気遣いです。

　その後，看護師はタカさんを介助する際，車いすをゆっくり押してタカさんの居室にお連れし，「診察をしますので，ブラウスを上げますね。タカさん，ブラウスを持っていただいてよろしいですか？」と対応しました。この一連の対応は，タカさんに対する「安心の提供」と「不安の軽減」に十分配慮したかかわり方と言えます。

　また，そっとタカさんの手を取りブラウスを持ってもらい，主治医から「異常はないですね。お元気ですね」と声を掛けられ，にっこりとし深く頭を下げられたタカさんの様子から，さらに「安心の提供」と「不安の軽減」が図られ，「本人のニーズを満たす」かかわり方となったと考えられるのではないでしょうか。

　だからこそ，診察後に好きな歌をほかの利用者と歌われたと考えます。この事例から，本人の楽しみにしていることを尊重しつつ，当日の診察を受けることができるかかわり方を考えることは大切な視点と言えるでしょう。

　ケアスタッフとしては，ケアを行う上で効率性が求められることも事実です。しかし，タカさんを物扱いするのではなく，人として尊重しながら本人のニーズを満たす「ケア」を提供することが，より大切ではないでしょうか。

睡眠・休養のケア　　　　　　　　　　　　　事例22　右側への

 **右側に体位変換すると，
「危ない！ そっちには何もない！」と叫ぶ**

　特別養護老人ホームに入所している美紀さんは，ベッドで寝ている時にケアスタッフが右側に体位変換すると，「危ない！ そっちには何もない！」と叫び，右側に向くことを拒みます。そのため，左側ばかり向いて寝ています。右側に向けないため，最近，左足のくるぶしなどに褥瘡ができはじめています。ケアスタッフは，何とか美紀さんに右側に向いて寝てもらいたいと考えたのですが，どうすればよいのか途方に暮れてしまいました。

美紀さんの反応とアセスメント表を結び付けていたら…

　美紀さんの視力は，左右ともに日常生活には困らないものです。それなのに，なぜ右側に向けると「そっちには何もない！」と言うのでしょうか。

　美紀さんには，脳梗塞の後遺症で左片麻痺と左半側空間無視があり，アセスメント表の中にもその記載がありました。脳卒中の後遺症で左片麻痺のある人には，視力には問題がないのに左側への注意が向かない現象が多く見られます。ケアスタッフは，美紀さんのアセスメント表でその後遺症について目にしていましたが，それが日常生活上へどのようなリスクを及ぼすかまでは想像できなかったようです。

　美紀さんは認知症であり，自分の身体状況を理解していないと思われます。したがって，その不思議な現象を人に伝えることなど無理な話です。それでも，「美紀さんの現実」として，注意の向かない左を「危ない！ そっちには何もない！」という言葉で表現しています。ケアスタッフが美紀さんのその声をアセスメント表と結び付けることができたら，美紀さんが右向きになれない原因に気付くことができ，さらには美紀さんの日常生活に及ぼすいろいろな影響も想像できたかもしれません。

何のために情報を集めるのか

　私たちケアスタッフが利用者の病気や障害，家族構成や生活歴などさまざまな情報を集めるのは，今目の前にいる本人の言葉や行動を理解するためでもあります。また，その方が持つ病気や障害について理解を深めていくことは，今回の美紀さんのように本人さえ気付くことができない現象やそれに伴うリスクを見つけ出し，その方を支えることに役立つでしょう。

体位変換を拒否

 カラフルな花柄のタオルを置くことで，右側にも向くことができるように

　美紀さんのアセスメント表には「左半側空間無視」という記述がありました。左半側空間無視について調べると，視野の左側にある物は認識しづらいということが分かりました。美紀さんが右側を向くと，そこには白いシーツしかありません。右側には白いシーツ，左側には気付きにくいとなると，美紀さんは右側を向いた瞬間に何もない世界に放り込まれたようになるのではないかと，ケアスタッフは気付きました。そこでケアスタッフは，美紀さんのベッドの右側にカラフルな花柄のタオルを置き，介助の前には丁寧に声を掛けるようにしました。すると，美紀さんは安心して右側を向けるようになりました。右側を向けるようになった結果，左足のくるぶしの褥瘡も治っていきました。

抱えている障害について学ぶ

　ケアスタッフは美紀さんの障害について学び，その不思議な現象を理解することができたようです。左半側空間無視による生活の不便さやリスクは人それぞれです。顔の左半分の髭をそり残したり，お皿の左半分を食べ残したり，車いすの左側のブレーキをかけ忘れたりなど，その人の生活の仕方によっても違います。美紀さんのように寝たきりの方では，体位変換のしづらさがあったり，何もない左側から遠ざかろうと，右側に寄りすぎてベッドから転落を繰り返したりする方もいます。その一見不思議な現象を，認知症を持つ美紀さんが的確に認識し人に伝えることは困難だったろうと思います。もし，美紀さんが食事の際にお皿やトレーの左半分を残していても，ケアスタッフが美紀さんの左半側空間無視との関係に気付かなければ，「食欲がない美紀さん」として片付けられていたでしょう。その結果，栄養不足となり，褥瘡も治らなかったかもしれません。

具体的な解決策を探る

　さて，左半側空間無視という障害がどのようなもので，美紀さんの身に起こっているリスクや美紀さんの意識世界がどのような感じなのかが少し見えてきたケアスタッフは，具体的な解決策として，カラフルな花柄のタオルをベッド柵に掛けるという仕掛けをしてみました。そして，体位変換の前には，美紀さんが不安にならないように，視野の右側にあるカラフルなタオルに意識を向けてもらえるような声掛けをしました。そのおかげで褥瘡は治り，美紀さんの体位変換の際の恐怖心もなくなったようです。

　当事者さえも気付くことができないような目の前の不思議な現象の背景にあるものを探り，その現象のために生きづらさを感じているその方の意識世界を想像しながら，具体的な解決策を一緒に探していくことも，ケアスタッフの仕事の一つです。その支援に必要な知識には限りがありません。専門職として常に学び続け，不思議な現象を「不思議」で終わらせないセンスを磨いていきたいものです。

事例23　「胸が苦しい」と

 夜中に,「胸が苦しい…」と起きてくる

　グループホームに入居している一郎さんは,夜中に「胸が苦しい…」と言って起きてくることがあります。夜中にあまり眠れていないようです。夜中に起きてくると,廊下をゆっくりと行ったり来たりしながら歩いています。ケアスタッフは,一郎さんをどのように支援したらよいのか分からず,困ってしまいました。

眠らせることだけに着目しない

　施設で暮らす認知症の人が,夜間眠れずに施設内を歩き回る姿が見られることがあります。その際の対応として,なぜ起きてくるのかを深く考察せずに,夜中に起きていたら睡眠不足になるという理由から,睡眠剤を服用させることがあります。そうすれば,朝まで眠り問題は解決したように思えますが,それは本当の解決になっているでしょうか。睡眠剤を服用させることで,夜中に起きてくることはなくなっても,胸の苦しさは消えません。その支援方法では,夜中に起きてしまう本当の原因が見えにくくなっているだけではないでしょうか。また,認知症の人の中には,「胸が苦しい…」と説明することもできずに,ただ起きてきて廊下を歩き回る人もいます。ケアスタッフには,そのような行動の背景にあるものを探っていくアセスメント力が必要です。眠れないからと言って睡眠剤を服用させるだけでは,認知症ケアにおいて,「分かろうとしない」ことになります。

さまざまな角度からのアセスメントを

　では,一郎さんが,夜中に「胸が苦しい…」と起きてくる理由には何が考えられるでしょうか。認知症の人を理解するためには,認知症の人の行動や状態に影響を与える5つの要素（①脳の障害,②健康状態,③生活歴,④性格,⑤環境）についてアセスメントする必要があります。健康状態や医療面についてなど,ケアスタッフだけでアセスメントができない時には,多職種連携によりほかの専門職の力を活用して,チームでアセスメントすることが必要です。そして,各専門職の専門的な知識と技術を活用することで,小さなサインを見逃さないことが重要ではないでしょうか。

　一郎さんが「胸が苦しい…」と訴える原因が何であるかを探り,まずはその原因に対応した支援を行うことで胸の苦しさが軽減し,夜間ゆっくり眠れるようになるかもしれません。認知症の人に限らず高齢者は,夜間に起きてくると日中の傾眠傾向が高まり,うたた寝が増えてきます。そのことにより,生活リズムが崩れてきて活動量の低下が起き,食事摂取量が減少していくこともあります。ケアスタッフは,生活を24時間365日の流れでとらえる視点が大切ではないでしょうか。

夜中に歩き回る

😊 胸の苦しさが消えると，安眠できるように

　一郎さんの主治医に相談すると，一郎さんにはもともと心不全があるということでした。心不全の人は，長時間臥床していると，胸の苦しさを訴えることがあると医師が説明してくれました。心不全のための薬を処方してもらい，眠ってから4時間ぐらいたったころにベッドを30°にギャッジアップすると，一郎さんは気持ち良く眠れるようでした。

　このような支援を続けているうちに，心不全の症状は治まり，一郎さんは途中でベッドをギャッジアップしなくても安眠できるようになりました。

認知症以外の疾患にも焦点を当てる

　認知症の人は，自分の病気や生活歴などの情報を，介護者にうまく伝えることができなかったり，自分で体調を伝えたり整えたりすることができにくくなったりします。そのため，ケアスタッフが認知症の人を理解する時には，「認知症」だけに焦点を当てるのではなく，必ずその「人」の健康状態や疾患にも配慮する必要があるでしょう。

　そして，認知症の人を理解するためには，本人の発言に耳を傾けながら，多職種連携によるチームアプローチが重要となるでしょう。この事例の場合，ケアスタッフは，一郎さんが「胸が苦しい…」と起きてくることがあることに気付き，主治医に相談することで，一郎さんの既往歴に基づくケアを考える機会となりました。そして，主治医から心不全の人の対応方法のアドバイスを受け，睡眠剤を使用することなく，安眠できる支援の方法を知りました。

　眠れないからと言ってその理由を探ることなく，睡眠剤を飲んでもらうことは，ケアスタッフが「分かろうとしない」「強制」の対応をしていることになるのではないでしょうか。そのことに気付いたからこそ，主治医と連携し，心不全のための薬を処方してもらい，眠ってから4時間ぐらいたったころにベッドを30°にギャッジアップすることで，一郎さんは気持ち良く眠れるようになりました。さらに，心不全の状態は治まり，一郎さんは途中でベッドをギャッジアップしなくても安眠できるようになりました。今回の場合に限らず，例えば夜間に長時間の臥床やぐっすりと睡眠を取ることが難しい人は，昼間に少し仮眠を取ることで，睡眠不足を補う支援につながることもあるでしょう。

　また，心不全の支援の方法として，夜中に長時間臥床することが難しい人には，一定時間たった後にベッドをギャッジアップすることも有効ですが，この時に，膝の裏に当たる部分もベッドを少し起こしておかないと，上半身だけがずり落ちることになります。上半身のずり落ちを防ぐために，膝の裏の部分のギャッジアップやクッションを当てることを忘れないようにすることも必要でしょう。

在宅でのケア　事例24　ヘルパーが賞味期限の

😟 老々介護の夫婦が，ヘルパーの訪問を断ることに…

　政夫さん夫婦は，2人暮らしです。妻のイネさんには軽度の認知症がありますが，身体が弱ってきている政夫さんの介護を懸命にしています。高齢世帯のため，ヘルパーである節子さんが，週3回家族に代わって生活支援をしています。節子さんは責任感が強く，政夫さん夫婦の生活を支えているという自負があります。政夫さんは節子さんを信頼しており，時折娘のように思っていると言っています。

　ある日，冷蔵庫の整理をしていた節子さんが，賞味期限切れの食品を勝手に捨ててしまいました。イネさんは泣き出しそうな表情で，節子さんに何か言いたそうでした。その様子を見ていた政夫さんは，困った表情をしながら，節子さんに次回からの訪問を断りました。

イネさんの気持ちを考えてみましょう

　高齢夫婦で懸命に生きているイネさんは，なぜ泣き出しそうになったのでしょうか。また，節子さんを娘のように信頼していた政夫さんは，なぜ次回からの訪問を断ったのでしょうか。

　イネさんは，懸命に夫の介護を担ってきており，2人は互いに支え合って生きてきました。軽度認知症のイネさんは，時々忘れてしまうことはありますが，夫の面倒や家事を行うのは，妻である自分の役割と思っています。節子さんについて親切な人であるとの認識はありますが，ヘルパーという認識はないようです。イネさんには，「家事全般を行っているのは，この家の主婦である自分である」という思いがあるのでしょう。節子さんが勝手に食品を捨てたことは，そんなイネさんの気持ちを逆なでするような行為であり，イネさんにとって自分の行っている介護や家事を否定されたとの思いがあったのではないでしょうか。

　このことは，認知症ケアにおいて，「能力を使わせない」「無視をする」ことになります。認知症であっても感情はあります。信頼していた節子さんが，自分に断りもなく大切な食品を捨ててしまったことに，適切な言葉による表現能力が低下しているイネさんは，泣きそうな表情で抗議をしていたのではないでしょうか。また，主婦として長年この家を支えてきたイネさんだからこそ，「役割を取り上げられた」との思いを抱いたとも考えられます。

　その様子を見ていた政夫さんは，妻が十分にできなくなっていることは理解しているため，妻をそっと見守っていたのではないでしょうか。その妻を傷付けられたと思ったから，節子さんに次回からの訪問を断ったと思われます。

切れた食品を勝手に廃棄した

 認知症のイネさんは，今でも一家を支える主婦

　政夫さん夫婦は，2人暮らしです。妻のイネさんには軽度の認知症がありますが，身体が弱ってきている政夫さんの介護を懸命にしています。高齢世帯のため，ヘルパーである節子さんが，週3回家族に代わって生活支援をしています。節子さんは責任感が強く，政夫さん夫婦の生活を支えているという自負があります。政夫さんは節子さんを信頼しており，時折娘のように思っていると言っています。

　ある日，冷蔵庫の整理をしていた節子さんが，賞味期限切れの食品を勝手に捨ててしまいました。イネさんは泣き出しそうな表情で，節子さんに何か言いたそうでした。その様子を見ていた節子さんは，大切なことを忘れていたことに気付き，イネさんにお詫びをしました。

ヘルパーとしての立場を越えると…

　高齢夫婦で懸命に生きているイネさんは，なぜ泣き出しそうになったのでしょうか。また，節子さんは何に気付いて，イネさんにお詫びをしたのでしょうか。

　軽度認知症のイネさんは，時々忘れてしまうことはありますが，夫の面倒や家事を行うのは，妻である自分の役割と思っています。節子さんは，イネさんのできることと困難になってきたことを政夫さんから情報を得ながら，ヘルパーとして支援しています。節子さんは，イネさんとの信頼関係も築いており，政夫さんからも「娘のようだ」「あんたのやりやすいようにしてほしい」との言葉をもらっていました。そのうちに，節子さんは「政夫さん夫婦の生活は自分が担っている」との思いが強くなり，いつの間にかヘルパーとサービス利用者との関係を越えてしまったようです。節子さんは，イネさんの泣き出しそうな表情を見て，大切なことを忘れていたことに気付きました。

その人の役割を大切にしながらの支援

　勝手に食品を捨てたことは，イネさんの「この家の主婦は自分である」という思いを損ね，「できる能力」を奪うことだと，節子さんは気付きました。さらに，イネさんに断りなく食品を捨ててしまったことは，イネさんを「無視すること」に当たることも分かりました。

　認知症であっても「感情がある」という大切なことを，節子さんはイネさんの表情から理解しました。節子さんは，政夫さん夫婦に信頼されているからこそ，イネさんが「主婦・妻」であることを側面的に支援し，些細なことでも必ずイネさんに確認することが重要です。

　イネさんに，家事への関心をなくさせないよう支援することが，最も大切なことです。徐々にできないことが増えていく中で，認知症の有無にかかわらず人としての尊厳を保てるよう，イネさんの思いに寄り添っていくことが，節子さんに求められる支援です。

事例25　頑張ってトイレに行ったが,

頑張ってトイレに行ったのに…

　シマコさんは息子とその妻と一緒に住んでいます。シマコさんは心臓が悪く，おむつを使用して寝ていることが多いです。ある日のこと，シマコさんはトイレに行きたくなりました。歩行が困難なシマコさんは，這ってトイレまで行き，便器に座ろうと立ち上がりました。しかし，うまく座れず，便器と壁の間に挟まってしまいました。息子はシマコさんに対し，「何をしているのだ，おむつをしているじゃないか」と大声を出して怒りました。

シマコさんたちの普段の生活

　シマコさんは，息子夫婦と3人暮らしです。息子は毎日農作業をしています。介護は主に息子の妻がしていますが，息子の妻はリウマチを患っており，家事とシマコさんのおむつ交換をするのがやっとです。入浴などはヘルパーに手伝ってもらいますが，介護で困った時は夫婦で協力して乗り切っています。

　シマコさんは心臓が悪く，1日の水分摂取量を700mLに制限された生活をしています。そのため，日常生活ではおむつを使用して，ベッドで寝ています。寝ていることが多いため足に力が入らず，現在はほとんど自分で歩行することはできません。

トイレに行きたかっただけなのに…

　朝，シマコさんが寝ている時間に息子の妻は家事を，息子は農作業の準備をするため家の外にいました。シマコさんが目を覚ました時，トイレに行きたいと思いました。しかし，近くに誰もいません。そこで，「自分で行くしかない」と思い，這って行くことにしました。やっとトイレに着いたシマコさんは，頑張って立ち上がり便器に座ろうとしたのですが，うまく座れず便器と壁の間に挟まってしまいました。

　大きな音を聞きつけた息子の妻が急いでトイレに行き助けようとしましたが，力が入らなかったため息子を呼びに行き，ベッドまで連れてきてもらいました。

　息子はシマコさんを助けながら，「何をしているのだ，おむつをしているじゃないか」と大きな声で怒鳴り，シマコさんを非難してしまいました。これは，シマコさんの思いを分かろうとしないことで，シマコさんのできる機能を活用しないかかわりなのではないでしょうか。トイレを我慢するのはつらいのに，なぜ分かってもらえないのでしょうか。シマコさんはとても悲しくなりました。「トイレに行きたかっただけなのに」「誰もいないから，頑張ってトイレまで行っただけなのに」と思いました。

うまく座れずに…

 おむつの使用から，ポータブルトイレへ

シマコさんは，朝目覚め，トイレに行きたくなりました。朝食を食べていた息子夫婦に，「トイレに行きたい」と声を掛けました。シマコさんは，転落してもけがをしないよう，いつも低床ベッドに寝ています。そのため，立ち上がる時は介助が必要です。立ち上がる力のないシマコさんを，息子夫婦は協力して，ベッド横に置いたポータブルトイレに座らせてあげました。シマコさんは満足そうに座っていました。

生活サイクルに工夫を

息子夫婦は，農業をしながら年金生活をしています。息子の妻はリウマチを患っており，家事と介護をするのがやっとです。高齢のシマコさんは，外で畑仕事をする息子を見て，「草取りをしなければ」と思います。また，息子の妻がおむつを換えてくれる時には，「今度はトイレに行こう」と思っています。しかし，シマコさんの思いとは裏腹に，少し動いただけで心臓が苦しくなるため，家の中でさえ自由に動き回ることはできません。そのため，シマコさんが朝目を覚まし排泄が済むまで，息子の妻は台所仕事をし，息子も急ぎの仕事ではない時は，ゆっくりと朝食を食べながらテレビを見ています。

息子夫婦が自宅で介護する時は，シマコさんの思いを理解し，トイレに行って排泄したいことを尊重し，労い，共感をもって分かろうとすることが大事なのではないでしょうか。シマコさんはきっと，おむつを汚さずに排泄をしたいと思っているはずです。

時には専門機関を頼る

家庭での介護は，介護される人も介護する人も依存的になってしまい，顔を合わせるとイライラしてしまうことがあります。また，介護する人は周りの人に気を使い，すべてを支援してあげることが美徳と考えていることがあります。すると，介護される人は次第に身体機能が低下し，家族の介護負担が大きくなってしまいます。

このような時は，専門職であるヘルパーやケアマネジャーなどに相談し，ショートステイなどを利用することも考えてみましょう。少しでも介護が楽にできるよう，シマコさんの行動の中で，今，シマコさんの持っている機能をどのように生かすのか，どのように支援すればシマコさんに動いてもらえるのかを考えながら介護するとよいのではないでしょうか。

事例26　朝，家族が忙しい時の

家族の忙しさが一段落するまで，布団の中で待っている毎日

　ふくさんは，娘夫婦と孫娘家族と一緒に暮らしており，介護は主に娘夫婦がしています。ふくさんは，午前11時ごろまで寝ています（娘夫婦の朝の仕事が終わるまで寝ているようです）。起床後，トイレと同時に着替えをしながら洗面を済ませます。その後，台所のテーブルを支えに移動し，朝食兼昼食を食べます。食事が済むとリクライニングの車いすに座り替え，夕方まで過ごしています。

ふくさんとその家族の一日の過ごし方

　ふくさんは，定年退職した娘夫婦と孫娘家族と同居しています。介護は数年間，主に娘夫婦がしています。食事は娘夫婦と孫娘が交代で準備し，みんなで食べています。家族はみんな協力的で，大人が忙しい時は曾孫がふくさんの見守りをすることもあります。

　最近，やっと介護に携わる時間が，家族の生活の一部になってきました。娘夫婦は，ふくさんに11時ごろまで寝ていてもらうことで，朝の家事などの仕事を安心して終えることができます。そして，ふくさんが起きてからの介護をせかすことなく，心置きなくすることができます。また，ふくさんは，ゆっくり娘夫婦と話をしながら朝食を摂ることができます。

介護を後回しにした結果…

　しかし，ふくさんはいつも寝ているため，日を追うごとに歩く時は支えてもらわないと歩けなくなってきました。また，朝食の時間が遅いため，食事は1日2回でおやつを途中で食べるという食生活です。

　このように，ふくさんに長時間ベッドで寝ていてもらうことは，ふくさんの「できる能力を使わせない」ことになり，次第に身体機能が衰えてしまいます。さらに，娘夫婦が家事を優先するあまり，ふくさんの介護を「後回しにする」と，ふくさんは自由に体を動かすことができなくなってしまいます。

　ふくさんは起きてから寝るまで，台所で娘夫婦と話をしたり，テレビを見たり，居眠りをしたりして過ごしています。車いすはリクライニング機能が付いており，ふくさんは足が腫れないように娘夫婦に気を使ってもらっています。夕食後は，トイレで排泄をした後ベッドで寝ることにしています。ふくさんは寝てばかりでよいのでしょうか。ふくさんはどのような未来を思い描いているのでしょうか，考えてみましょう。

過ごし方

朝，曾孫を送り出すことを楽しみに

ふくさんは，起床後トイレと着替えを済ませ，台所のいすに座って朝食の味付けを確認しています。また，曾孫が学校に出掛ける時，「行ってらっしゃい」という声掛けをしながら曾孫の成長を見守っています。そして，朝食から家族と食卓を囲むことができ，食欲もわいてきたように思います。

最近うまく足が運ばなくなったので，支えてくれる娘夫婦の介護には感謝しています。

能力が発揮できるような生活を

ふくさんは，デイサービスに行く日も行かない日も，家族と過ごせる時間を大切に思っています。特に曾孫は可愛く，曾孫が学校に出かける時に「行ってらっしゃい」と声を掛けてあげることが毎日の一番の楽しみです。また，長年台所で料理を作っていたふくさんですが，最近は長時間立っていることができなくなったため，いすに座って家族の作る料理の味見をしています。

ふくさんの家族は，長い介護生活の中で，日常生活の一部に介護を構築しています。ふくさんの起床も食事も，娘夫婦の日常生活に合わせていますが，娘夫婦はふくさんの気持ちを考え，家族とコミュニケーションが取れるよう，体調に気遣いながら同じ部屋で過ごすことにしています。

ふくさんが能力を発揮することができるようにするため，朝の起床には手が掛かるけれども，ふくさんが家族としての役割（一家の最年長者としての立場）を考え，その能力を発揮できるよう環境を整え（家族がふくさんに対して声を掛ける，ふくさんの訴えを聞くなど），家族が見守ることが大切なのではないでしょうか。ただし，家族が頑張りすぎてしまわないよう，専門職であるケアマネジャーやヘルパーなどへの介護相談やショートステイなどを利用し，時には家族がリフレッシュをすることも必要です。

社会の一線を退いた高齢者は「何もすることがない」と思われがちですが，日々，家族への思いや未来への希望を持って生活しています。介護する私たちが高齢者の思いを支援することで，悔いのない人生が送れるのではないでしょうか。

第4章

より良いケアを行うための＋α

ここでは，認知症ケアをより良いものにするためのいくつかの知識を紹介したいと思います。

認知症ケアは，認知症の人を尊重する気持ちをもって行うことが基本です。しかし，それだけでは行き詰まってしまうものです。少しの知識を得るだけで，それがヒントとなり，気持ちの良いケアに行き着くことがあります。認知症，家族，生活，環境，多職種連携，気分転換について一緒に学んでいきましょう。

1．「認知症」についての適切な知識を得よう

　まず初めに，認知症についての適切な知識を得ることです。認知症を適切に理解することで，行き当たりばったりのケアではなく，根拠に基づいたケアを行うことができるようになります。

■認知症は脳の病気

　認知症は，脳の病気から起こる症状です。認知症の原因となる疾患は，75種類前後もあると言われています。脳の病気から脳損傷が起こり，そして脳の機能の一部が失われていくのです。

　認知症は「気持ち」の変化から起こるものではありません。そのため，「厳しく指摘すれば，気持ちを入れ替えてくれるだろう」と考えるのは，認知症ケアでは相応しくありません。認知症から起こる物忘れは，わざと行っているのではなく，脳の海馬という部位の損傷により新しい出来事を記憶しにくくなるために起こる現象です。気の緩みや怠け心から起こる現象ではないのです。認知症から起こる物忘れは，「わざとではない」ということを理解した上で認知症ケアを始めないと，見当違いなケアを行うことになってしまいます。

　また認知症は，記憶障害のほかに，次のようなさまざまな認知機能障害が併発します。

- 時間，場所，人間関係などのつながりの感覚を喪失していく**見当識障害**
- 感覚機能には異常がないのに，通常とは異なったように物事が認識されてしまう**失認**
- 手や足などの運動機能には異常がないのに，特定の行為ができなくなってしまう**失行**
- 物事の段取りを考えて遂行することが苦手になる**遂行機能障害**

　記憶障害だけの場合は健忘症と言われ，認知症では記憶障害以外に，上記のような認知機能障害も併せ持つため，周囲の人々から理解されにくいのです。

　そして，このような認知機能障害は，本人自身も理解しにくく，自己コントロールは困難です。認知機能障害を抱えたことで一番困っているのは，当事者

だということを忘れないようにしたいものです。

■それぞれの認知症の特徴

　認知症の原因疾患により，症状の特徴は異なります。個人差があるので，一概に類型化するのは適切ではありませんが，一般的な特徴を知ることで，ケアのヒントを得ることができます。

アルツハイマー型認知症

　記憶障害と見当識障害が著しく現れやすいと言われます。初期のころから時間のつながりの感覚が崩れ，中期には場所のつながりの感覚が崩れ，自分の家の周囲でも迷子になることが出てきます。そして重度になってくると，人間関係のつながりの感覚も喪失し，身近な人も取り違えるようになってくることがあります。一方，このような記憶障害や見当識障害は見られても，計算などの能力は比較的保たれているとも言われます。

血管性認知症

　脳血管障害を原因とする認知症です。脳血管障害は，生活習慣病の一つですから，生活習慣の改善により進行を防ぐことができると言われています。脳の損傷部位により，失認や失行などの現れ方が異なったり，身体に麻痺が現れたりすることもあります。

レビー小体型認知症

　幻視が見えやすいことと，パーキンソン症状を伴いやすいことを特徴とします。ほかの人には見えない物が見える場合には，レビー小体型認知症の幻視の可能性があります。パーキンソン症状を伴うことから，転倒リスクが高くなります。

前頭側頭型認知症（ピック病）

　衝動的な行動が増えると言われています。例えば，コンビニエンスストアに入り，商品を見て「欲しい」と思うと，それをそのまま持って店の外に出てしまうなどの行動を取ることがあります。決して「万引き」をするつもりはないのですが，衝動的に行動することから誤解を招くことがあります。見当識は比較的保たれることが多く，認知症が進行してからも，自宅の周囲を散歩して帰ってくることができる人もいます。同じルートを歩き続けるなどの傾向も見

られると言われています。

慢性硬膜下血腫から起こる認知症

　転倒して1カ月後あるいは1カ月半後など時間が経過してから，認知症の症状が出てくることを特徴とします。身体に麻痺が現れることもあります。医療機関と連携し，手術を行うことで治すことができる認知症です。

正常圧水頭症から起こる認知症

　認知症の症状がひどくなってくるころ，失禁が増えてくる傾向があります。医療機関と連携し，手術を行うことで認知症の症状も失禁も消失します。

＊　＊　＊

　慢性硬膜下血腫と正常圧水頭症は，治せる認知症の代表です。認知症にも治せるものがあります。そのため，早期受診が重要となってきます。

■「認知症」を知ることと，「認知症の人」を知ることは別

　それぞれの認知症の特徴を知ることは，認知症ケアのヒントになります。しかし，それぞれの認知症の特徴を知っただけで，認知症の人を理解できたつもりになるのは軽率です。認知症の人の行動や態度は，脳の病気だけでは決まらず，健康状態やその人の生活歴，性格傾向，そして周囲との人間関係のすべてが合わさって形成されるものです。より重要になってくるのは，それぞれの人の生活歴や性格傾向です。認知症の特徴は，あくまでもその人の行動や態度を形成していく一部分に過ぎないということを理解した上で，病気だけに焦点を当てず，その人となりを理解していく姿勢を大切にしたいものです。

2．今日の「家族」の特徴について理解を深めよう

　認知症の人が第一の患者だとすると，認知症の人を介護する家族は第二の患者だと言われます。認知症の人のみならず，認知症の人を介護する家族も，生活が不安定になりやすくなるのです。認知症ケアを考える時，認知症の人だけに焦点を当てることなく，認知症の人を取り巻く人々をも適切に理解していくことが大切になります。

■今日の日本社会における「家族」の特徴

　今日の日本社会における家族の在り方は，「情緒紐帯型家族」と言われています。少し古い時代には，田畑を耕す人手が必要であったり，経済的理由などがあったりして結婚に至り，そして家族が形成されました。しかし，今日，経済的理由で結婚する人は多くないでしょう。その代わりに，愛情などの精神的なつながりが，結婚に至る理由とされるようになってきました。今日の情緒紐帯型家族は，以前の家族と比べて，家族の内と外を強く分ける傾向にあると言われます。「家族は家族愛で結ばれるべきであり，プライバシーは守られるべきである」と考えるのが，今日の日本社会の家族の一般的傾向です。

　また，日本だけではなく，多くの先進国の家族においても，「家族の個人化」と「家族機能の外在化」が起こっていると言われます。

家族の個人化：同じ世帯で生活していても，だんだん家族内の一人ひとりの生活リズムは異なってきて，一緒に食事をすることも少なくなり，生活リズムの個人化が起こることを言います。その結果，同じ世帯で生活していても，一人ひとりが自分の暮らしのリズムを持っています。

家族機能の外在化：以前は家族の機能として行われていた保育や介護が，今日では外部機関に委託され，外部からそのサービスを取り入れるようになってきました。まさに，介護サービスを利用するのもその傾向の一つです。

　「家族の個人化」と「家族機能の外在化」は，並行して進んできた現象です。家族の個人化が起きたからこそ，家族構成員が協力し合う力は弱くなり，保育や介護などの機能を家族内で賄うのが難しくなってきたのです。

■家族愛は大切だけれども…

　今日の情緒紐帯型家族では，「家族愛」がとても重要だと思われています。確かに，愛情は大切です。しかし，愛情と暴力は紙一重だという事実も，忘れてはなりません。日本でも英国でも，最も殺人が多く起こっている場所は家の中です。そしてその殺人は，強盗など外部からの侵入者によってなされたのではなく，家族によって起こされたものがほとんどです。それでは，その殺人は，保険金目当ての計画的殺人かというと，そうではありません。愛情があるから

こそ起こる衝突がエスカレートして起きてしまったものです。

　最近，誰かと喧嘩してしまったとか，言い合いになってしまったということはありませんか？　多くの場合，その相手は家族や恋人ではないでしょうか？　同じ一言でも，会社の同僚から言われた場合と家族や恋人から言われた場合では，感じ方や反応が異なってきます。会社の同僚から嫌な一言を言われても，「この人はそういう人なんだな…」と距離を取っておしまいになるかもしれません。しかし，愛情がある相手から同じことを言われると，「何でそんなことを言うの！」「どうして分かってくれないの！」と，感情的になりやすい傾向があります。愛情があるからこそ，感情的になるのです。そして，時にそれが暴力や暴言などの衝突に行き着くのです。

　愛情があり，そしてプライバシーを大切にしたいという気持ちがあるからこそ，家の中で起こっていることを外に知らせることができず，そして助けを求めることができない家族もいます。介護虐待は，このような閉じられた家族の中で発生している現象だと言えます。決して，悪意があって虐待に至るわけではないのです。愛情が絡まり合ってこんがらがってしまった結果だと見る方が適切でしょう。

　家族機能の外在化が進んできている今日の日本社会でも，すぐに介護サービスを利用しようとは思わない家族もいます。特に，認知症の人を介護する家族の中には，「恥ずかしい」と感じ，家族が認知症になったことを外に伝えられず，介護を抱え込んでしまうこともあります。また，家族が何人かいても，主介護者は固定化されやすい傾向にあります。特定の人に負担が集中するのです。

■適度な距離感が大切

　認知症の人も，その人を介護する家族も，気持ち良く過ごすためには，適度な距離感が大切となります。認知症の人を介護する家族も自分の時間を大切にし，人生が介護一色にならないようにしなければなりません。介護は，一瞬だけで終わるものではなく，数カ年に及ぶこともあります。だからこそ，互いに気持ちの良い時間を重ね，互いの人生を大切にし続ける必要があります。

　互いに気持ちの良い時間を重ねるためには，専門職の力を利用し，家の中の

風通しを良くする必要があります。また近所の人に，認知症の人を介護していることを伝え，「もし認知症の人が近所を歩き回っていて，家に帰れそうにない様子だったら助けてほしい」と伝えておくことも大切です。「お互い様」と言い合える近所付き合いをつくり上げていく必要があります。

3．「生活」を支える視点を大切にしよう

　認知症ケアでは，認知症の人の生活支援を行います。この時に，適切に「生活」をとらえる視点を持っているか，あるいは生活要素を断片的にとらえる視点になっているのかにより，支援の在り方は大きく異なってきます。ここでは，生活を支える視点について解説します。

■生活要素を統合化してとらえる視点を大切にしよう

　生活は，「食事」「排泄」「活動」「清潔」「睡眠と休養」という生活要素が互いに影響し合い，構成されています。それぞれの生活要素を相互に関連付けて理解しないと，支援が断片化していきます。具体的には，食事摂取量が少なくなってきたので点滴，便秘なので下剤，眠れないので睡眠剤などのように，支援が対症療法的になっていきます。

　緊急性が高く，やむを得ず医療的な処置が必要になる場合もありますが，生活を支援するためには，当事者が持っている能力を用い，生活の質を高めていくことが必要となります。食事が摂れない理由を，ほかの生活要素と関連付けて分析していくと，その理由が見つかることがあります。同様に，排泄も活動性の低下も，ほかの生活要素と関連付けて分析していかなければなりません。

■食事

　食事は，栄養摂取という側面のみならず，食習慣，食文化という側面からも見ていく必要があります。また食事は，社会的交流の機会にもなります。適切に食事が摂れていないと，健康状態を良好に保つことが難しくなります。食事摂取量の低下が活動性の低下を招き，そして活動性の低下が睡眠リズムの乱れなどのほかの問題を引き起こします。

長年主婦として活躍してきた女性にとっては，食事はただ栄養摂取する機会ではなく，自分自身が準備をし，片付けをしてきた一連の大切な生活要素でもあります。可能な限り一緒に準備をし，片付けをすることにより，食事に対する満足感も高まってくるのではないでしょうか。

　認知症の人の中には，満腹感を司る満腹中枢が適切に機能しなくなることがある，と言われます。そのため，食事を摂った直後であっても，「まだ食事をいただいていないのですが…」と言うことがあります。そのような場合，栄養量が足りていないというのではなく，食事を通しての満足感が不足しているのかもしれません。食事作りを通した役割意識やほかの方との交流など，できるだけ食事を通して満足感を高めていく支援が必要ではないでしょうか。

■排泄

　人間は，排泄の自立を通し，羞恥心を身に付けると言われます。安易におむつを使用するようになると，自尊心をひどく傷付けることになります。排泄の失敗は自尊心を傷付け，そしてにおいを気にして，対人交流を狭めることにもつながります。また，なるべくおむつを交換せずに済むよう水分摂取量を制限した結果，脱水症状を引き起こすこともあります。

　多くの高齢者は，便秘になりやすいと言われています。便秘になったら下剤に頼るのではなく，適切な水分摂取と食事を通しての食物繊維の摂取を促し，適度に活動性を高めていくことにより，自然な排便につなげていきたいものです。

■活動

　活動とは，レクリエーションだけを指すのではなく，食事，排泄，入浴，移動など生活におけるあらゆる要素が含まれます。生活全般にわたって，日中の活動性を高めていくことにより，夜間は質の良い睡眠と休養が取れるようになり，生活リズムが整っていきます。

　しかし，認知症になると，それまでできていたことでの失敗が多くなり，生活のあらゆる場面で自信を喪失しやすくなります。そうすると認知症の人は，失敗を避けるため家に引きこもり，活動性を低下させてしまうようになるのです。また，遂行機能障害もあるために，活動の全体をイメージすることができ

ず，次に何をしたらよいのかも分からなくなるのです。

　一人ではできなくなってしまっても，支援があればできることが見つかるかもしれません。活動性を高めることにより，食欲がわき，食事摂取量が増えることでしょう。また，日中の活動性が高まることにより，夜間はよく眠れるようになります。さらに，腸の蠕動運動も活性化され，便秘の解消にもつながります。

　認知症の人が楽しみながらできる活動は何なのか？　それを探し，認知症の人と共に生活リズムを構築していくことが必要です。認知症の人が得意なこと，関心を持てそうなことは，本人の生活歴を探ることにより見つかることでしょう。

■清潔

　清潔は，洗顔，手洗い，口腔ケア，入浴，着替えなどを含む行為です。清潔を保つことにより，社会性を維持することができます。逆に，引きこもりがちになると，清潔に対し無頓着になっていきます。そして，口腔ケアを怠ると，誤嚥性肺炎のリスクが高まります。口腔内は湿度や温度が高く，細菌が繁殖するのに適した場所なのです。仮に，経管栄養摂取をしており，口から食事を摂ることがなくても，口腔ケアは必要です。

　入浴は適度な疲れを伴うので，夜に入浴すると眠りやすくなります。ただし，熱すぎる風呂に入ると身体の深部体温が上がってしまい，眠るのが難しくなります。入浴すると掻痒感が生じることから入浴を嫌がる場合は，入浴直後にローションやオイルなどをすぐに塗るようにします。そうすると，掻痒感は起こらなくなります。

■睡眠と休養

　長時間寝れば質の良い睡眠と休養が取れるというわけではありません。逆に，睡眠の質が低下することもあります。また，認知症になると，勝手に脳のスイッチが入ってしまい，夜間熟睡できず，それゆえに日中の傾眠傾向が高まることがあります。それをそのまま放置しておくと，昼夜逆転の生活となってしまいます。昼夜逆転は，睡眠が分散され，長時間寝ているようでも，質の悪い睡眠となっていることが多いのです。日中の活動性を高めることにより，夜間は良眠できるように支援することが大切です。

不安や心配事があると寝つきが悪くなります。認知症の初期に，生活リズムが崩れる大きな理由は，不安によるものだと言われています。自分自身の物忘れに気付いているからこそ，この先どうなるのか不安になり，熟睡しづらくなるのです。

　認知症の人の中には，心不全があるために，長時間寝続けると胸が苦しくなり，夜間起き出してくる人がいます。このような場合は医療と連携を図り，心不全の改善を目指します。夜間起きてくるからと言って，安易に睡眠剤を処方してもらうのは見当違いな対処です。長時間寝続けると胸が苦しくなるのなら，タイミングを見計らい，ベッドをギャッジアップすることも，胸の苦しさを解消する支援となります。また，日中に短めの昼寝をすることで，睡眠を補うことも大切です。ただし，昼寝の時間が長すぎると，生活リズムが崩れることにつながっていきます。

4．「環境」を見直そう

　生活環境が変わると，人の生活は一変します。病院は，治癒に専念するために生活らしさを取り除き，無機質な造りになっていることが多いでしょう。そのような環境は，生活支援には向きません。ここでは，どのような環境が適切であるのかを見ていきましょう。

■介護者にとって好ましい環境

　学校や病院など，少数の監督者が大勢を見守る必要がある施設の構造は，直線的になる傾向があります。これは，監督者が見守るべき対象を一目で確認できるようにするのに，有益な構造だからです。しかし，それは監督者側にとっては好ましい環境かもしれませんが，そこで過ごす人にとって心地良い環境であるとは限りません。

　また，ベッドの高さを高いままに保つことは，介護者にとって楽な環境であっても，認知症の人にとっては好ましい環境ではありません。ベッドの端に座った時に足が床に届かないと，ベッドから降りることが困難になります。一

> **表■認知症の人にとって好ましい環境**
>
> ①見当識への支援がなされていること
> ②安全と安心への支援がなされていること
> ③プライバシーの確保がなされていること
> ④環境における刺激の質と量の調整がなされていること
> ⑤機能的な能力への支援がなされていること
> ⑥自己選択への支援がなされていること
> ⑦生活の継続性への支援がなされていること
> ⑧ほかの入居者とのふれあいの促進が配慮されていること

日中ベッド上で過ごせば，活動性は著しく低下していきます。歩行能力があってもベッドが高いというだけで，その人の歩く力は奪われてしまうのです。

■認知症の人にとって好ましい環境

認知症の人にとって好ましい環境には，**表**の8つの特徴があると言われます。詳しくは，『痴呆性高齢者が安心できるケア環境づくり』[1]をご覧ください。

①見当識への支援：認知症の人には見当識障害があるため，病院などのような同じパターンが繰り返される環境では，自分の部屋を見つけることすら困難になります。それゆえ，見当識への支援が必要になるのです。

②安全と安心への支援：移動しやすいように手すりを付けることや，トイレなどを支援しやすいように適度な広さを確保することを指します。

③プライバシーの確保：認知症の人が居室のドアを閉めることができるようになっており，部屋へ入る際にはノックをするなどの配慮がなされていることを指します。

④環境における刺激の質と量の調整：認知症の人は注意力が低下するため，多くの刺激にさらされるととても疲れやすくなると言われています。それゆえに，環境における刺激の質と量を調整する必要があるのです。

⑤機能的な能力への支援：認知症の人の日常の自立活動を支援し，その能力を維持できるようにすることを指します。例えば，台所があれば，調理をする能力を活用することができます。

⑥自己選択への支援：例えば，さまざまな空間にいすが置いてあり，好きな所で過ごすことができるようになっていることなどです。また，好きな活動が

できるように，趣味の道具などが手の届くところにあることも重要でしょう。

⑦**生活の継続への支援**：慣れ親しんだ生活を維持するために，認知症の人が使える道具や家具などがあることを指します。使い続けているほうきがあることで，掃除をする力は維持され続けるのです。

⑧**ほかの入居者とのふれあいを促進する配慮**：大勢で集まれる空間から少人数で集まれる空間まで，さまざまな規模の空間があり，入居者同士の交流が促進されやすい環境であることを指します。

■生活の場に相応しい環境とは

生活は，食事，排泄，活動，清潔，睡眠と休養から構成されることはすでに述べました。この生活要素のすべてを行うことができるのが，生活の場に相応しい環境です。本来，食事は出されたものを食べるだけではなく，食事作りから始まり，食事の後には皿洗いなども行うものです。このような一連の行為を行うには，台所が必要となります。また，トイレが近くにあることで，自分自身で歩いてトイレへ行く能力が維持されます。観葉植物があったり，ペットがいたりすることで，生活らしさが増していきます。

生活空間からあらゆるものを排除し続けると，病院などのような無機質な空間になります。そこからもう一度，生活空間にしていくには，生活に彩を添える視点が必要になります。

5．「多職種連携」を進めていこう

認知症の人は，認知症だけではなく，ほかにもいくつもの病気を抱えているのが一般的です。高齢者の多くは，複数の疾患を併せ持ちます。そこで，介護サービスだけではなく，医療・保健・福祉のさまざまな専門職が連携して初めて，認知症の人の生活を支えることができるのです。また，治らない認知症の場合，認知症ケアはその認知症の進行により，やがて終末期ケアへと移行していきます。認知症ケアから終末期ケアまでをも視野に入れる時，やはり多職種連携が必要になります。

■抱え込みは危険

　認知症ケアでは，本人の持っている力を活用しながら，自立支援を目指していくのが基本的な考え方ですが，治せる病気であるならば，医療の支援を受けて早めに治していくことが重要でしょう。「もう少し様子を見てから…」と言っているうちに，手遅れになってはなりません。介護サービスでできることは，基本的な生活の支援です。生活支援の範囲を超えた医療ニーズが生じた場合には，ほかの専門職の力を借りることが必要です。

　日本では，高齢者の多くが，泌尿器の問題以上に認知症であることからおむつの使用に至っていることが知られています。認知症になってトイレを探せない，尿意・便意を的確に自覚できないなどの状態になると，おむつを当てられてしまうというのです。そして，おむつを着用している日本の高齢者の泌尿器科の受診率は，ほかの先進国と比べて低いことが知られています。おむつを使用すると，泌尿器の問題は解決したかのように見えるのは錯覚です。泌尿器に疾患があっておむつを使用している場合は，泌尿器科を受診することにより，解決する場合もあり得ます。それを，「おむつを使用しているから専門医の受診は必要ない」としてしまうのは，介護による抱え込みと言えます。これは，利用者の利益を損ねることにつながります。

■自分自身の限界を知ろう

　介護サービスで対応できることはたくさんあり，基本的な介護サービスで，生活の継続はほぼなされます。しかし，病気になった時など，介護サービスだけでは不十分になることもあります。そこで，介護サービスで対応できる範囲を知っておくことが重要になります。つまり，自分自身の限界を知る，ということです。

　自分自身の限界を知るというと，マイナスにとらえられがちですが，そうとは限りません。どのような専門職であっても，必ずその専門職が得意なことと不十分なことがあるものです。その専門職の専門性を生かすためにも，あまり得意ではないことはそれを専門とする専門職にお願いすればよいわけです。

■ほかの専門職の力を借りよう

　医療・保健・福祉の専門職には多様な職種があり，それぞれに得意とするこ

とがあります。必ずしも，同じ建物内にすべての専門職がそろっているわけではないでしょう。必要に応じて，ほかの機関に所属している専門職の力を借りることも考えなければなりません。そのためには，どのような専門職がいるのか，それぞれの専門職はどのような支援を行うのかを知っておく必要があります。その上で，さらにそれぞれの専門職がどこにいるのかを調べておけば，いざという時に力を借りることができるでしょう。

■より良い連携を構築しよう

　より良い連携のためには，情報を共有していく必要があります。認知症の人が自分自身では説明できないことを，代わりに伝えることも必要となるでしょう。日頃の認知症の人の様子を伝えることにより，ほかの専門職の判断が容易になることもあります。また，医療機関にかかり，服用する薬剤が変更された場合など，その後の様子を伝えることにより，医師は薬が適切であったかどうかを判断することができます。実際の生活場面を見ている専門職が，ほかの専門職に情報を伝えるようにしないと，認知症の人の生活の質は向上していかないのです。

　より良い連携を構築していくためには，それぞれの専門職が自分を主語にして意見交換するのではなく，「認知症の人Ａさんは，何を望んでいるのか」と，認知症の人を主語に置き換える必要があります。そして，そのために自分の専門性をどう生かせるのかという観点で話を進めていくことが大切です。利用者を中心に据えて，それぞれの専門職が自分の持つ専門性を持ち寄るという構造です。

　このような連携の時に，それぞれの専門職の意見が対立することもあります。しかし，それは悪いことではありません。真剣に，認知症の人Ａさんの幸せを考える時，それぞれの専門性の観点から考えられることやリスクについて話し合っていれば，衝突が起こるのは当然です。そのような衝突すら超えた後に，認知症の人Ａさんのための連携が訪れるのです。衝突を避けて言うべきことを言わないままだと，認知症の人Ａさんの生活の質を高めることはできません。このような衝突の対処を，コンフリクト・マネジメントと言います。適切にコンフリクト・マネジメントを行い，本当の連携を構築していきましょう。

6.「気分転換」の方法を身に付けよう

　認知症ケアは，いつも理想どおりにいくとは限りません。うまくいく日もあれば，うまくいかない日もあります。それでも，ケアを続けていくことが重要になります。生活は，継続により成り立つものなのです。太く短く終わるのでは，生活の支援とは言えません。うまくいかない日でもやり続けるには，気分転換が重要となります。ここでは，気分転換の方法について紹介します。

■自分自身のメンタルヘルスが大切

　ほかの人をケアするためには，まず自分自身のケアができていなければなりません。心身ともに良好な状態にする努力を怠らないようにしましょう。身体の痛みは自覚しやすいものですが，心の状態にも目を向けなければなりません。心の痛みを無視し，気付かないふりを続けていても，やがてそれは爆発してしまいます。「つらい」「悲しい」という自分自身の感情を素直に認めることも大切です。

　認知症ケアでは理想論が唱えられ，そのような理想からかけ離れている自分自身を認められず，自分の本当の感情に蓋をしたままになっている人は意外と多いのかもしれません。理想論は，そうではない視点を封じ込めてしまう力を持ちます。しかし，理想論を具現化するのは容易なことではなく，理想を求めていく過程で挫折することもあります。途中で「つらい」「悲しい」と愚痴を言うことができるからこそ，その後もケアを続けることができるのです。「愚痴を言ってもいいんだ」というところから始める必要があります。

■ストレスマネジメントの視点

　ストレスの原因になることをストレッサーと言います。同じストレッサーが加わっても，平気な人もいれば，気持ちが塞ぎ込み抑うつ状態になってしまう人もいます。ストレスマネジメントでは，①ストレッサーの入力，②ストレッサーへの対処，そして③ストレッサーを受けた後の状態の3つの過程に分けて考えていきます。

①ストレッサーの入力

　まずは，何がストレッサーになるのかを明らかにするところから始めます。

苦手な人がいるのか，かかわりにくい認知症の人がいるのか，何がストレッサーとなっているのでしょうか？　それを知ることにより，対処法を学んでいくという視点を明確することができるのです。

②ストレッサーへの対処

次に，ストレッサーへ対処する過程にかかわる要因について見ていきます。

❶自分自身の身体の健康状態

ストレッサーへの対処をする際に，その時の「自分自身の身体の健康状態」が大きく影響します。身体の健康状態が良好であれば，多少のストレッサーへは対処できます。しかし，もし不調であれば，ちょっとしたストレッサーでも堪えてしまいます。

❷自分自身の心の健康状態

悩みを抱えている時は，少しのストレッサーでも大きな負担となります。

❸職場などに支援体制があるか

つらい時に相談できる場所があったり，アドバイスをもらえる人がいたりすることで，ストレッサーへの対処は大きく変わってきます。職場などに支援体制がある場合，対処能力は強化されていきます。

❹家庭などに支援体制があるか

家庭で愚痴を言ったり弱音を吐いたりすることができると，その翌日は職場で頑張ることができるかもしれません。しかし，職場で抱えたストレスを解消する機会を持たないまま，翌日も仕事に向かうとなると，そのつらさは積み重なっていくことになります。私生活の領域で，ガス抜きをすることも大切です。

この点において，家族介護者はなかなか思うようにいかないかもしれません。家族内に愚痴を聞いてくれる人がいればよいのですが，認知症の人と介護者で二人暮らしをしている場合などは，愚痴を聞いてくれる人を見つけることは難しいでしょう。私生活の中に介護が入ってくると，精神的な余裕を失いやすくなります。

❺ストレッサーへの対処方法の有無

十分な知識と技術があり，そのストレッサーへ対処できる能力がある時には，ストレスは溜まりません。しかし，新しい体験でまだ対処するだけの方法を身

に付けていない時には，ストレスが溜まっていくことになります。

　このストレッサーへの対処方法を身に付けるには，研修など「職場の支援体制」が重要になります。認知症についての知識がまだ十分にない場合は認知症ケアについての研修を，コミュニケーション能力が不十分で，認知症の人とのかかわりにストレスを感じているのならば，コミュニケーション技術の研修を受けるなどして，対処方法を習得していくことで，ストレスに対する耐性が高まっていきます。

❻気分転換の方法の有無

　趣味など自分自身の気分転換の方法を持っている人は，溜まったストレスを解消していくことができます。仕事一筋で趣味などを持たない人は，より良いケアを提供していくためにも，気分転換の方法を身に付けるとよいでしょう。入浴や食事作りなどの家事や，ペットとの何気ないかかわりが，自分にとって大切な気分転換になるという人もいます。友人との交流など，介護サービス以外の場面で自分自身の世界を持つようにすることで，心の余裕が生まれてきます。気分転換は悪いことではなく，次のケアをより良いものにしていく積極的な役割を持ちます。

　これは，家族介護者であっても同様です。家族介護者の中には，「趣味などを持っている暇はない」と言う人もいることでしょう。しかし，介護はしばらく続くことがあるからこそ，長期間にわたり継続していくためにも息抜きは必要です。介護者の生活の質が低下すると，介護の質も低下していきます。映画を観たり，小説を読んだり，運動をしたり，さまざまな方法で自分の世界を広げ，感性を豊かにしていくことが，ケアを気持ちの良いものにしていくために必要となります。

③ストレッサーを受けた後の状態

　最後は，ストレッサーを受けた後の自分をモニタリングするということです。ストレッサーを受けた後の自分の状態をモニタリングしながら，休養が足りていないのか，対処方法の習得が不十分なのか，セルフチェックしていく習慣を身に付けるようにしましょう。

■レスパイトケアという視点

　レスパイトは，息抜きという意味です。家族介護者に対する支援という意味で，レスパイトケアという言葉が使われます。家族介護者は，長期間にわたって介護を提供し続けなければならないことがあります。専門職とは異なり，1日8時間だけという時間の区切りがない中で，介護を続けなければならない状況に置かれます。そのような中では，家族介護者自身の生活も不安定になり，精神的に余裕をなくすこともあります。

　認知症の人も家族介護者も良好な状態でいるためには，息抜きが必要です。そこで，家族介護者のためのレスパイトケアが必要になるわけです。

　ホームヘルプサービス，デイサービス，ショートステイなどさまざまな介護サービスを使うことが，利用者の生活の質を高めると同時に，家族介護者にとってのレスパイトケアとなるのです。中には，レスパイトケアを受けることに対し，罪悪感を覚える家族介護者もいます。家族だからこそ，自分自身が介護しなければならないと信じ込んでいる家族介護者もいることでしょう。しかし，愛情を持って行っている介護であっても，精神的な余裕がなくなった場合，暴力や暴言にすり替わってしまうことも起こり得ます。家庭という密室の中で介護虐待が起こっているとしたら，家族介護者は加害者であると同時に，そのような中で誰にも気付かれずに放置された被害者でもあります。

　専門職が支援を持ち掛けても，すぐには受け入れてもらえないこともあるでしょう。しかし，そこで諦めるのではなく，情報を提供し続け，適度な距離感を保ちつつ，見守っていくことが必要です。介護虐待や介護心中という悲しい出来事を繰り返さないためには，家族に対するレスパイトケアの視点が不可欠となります。

引用・参考文献
1）児玉桂子他編：痴呆性高齢者が安心できるケア環境づくり―実践に役立つ環境評価と整備手法，彰国社，2003.

第5章

効果的な研修・教育を行うために

認知症ケアは,ただ優しく接すればよいというものではありません。認知症の人を的確に理解し,適切なコミュニケーションが取れて初めて良いケアとなります。また,認知症の人を理解するのみならず,家族との関係やケアするスタッフ自身のことも理解する必要があります。

ここでは,気持ちの良いケアを実現していくために必要な,効果的な研修・教育の進め方について解説します。

1．認知症の人の経験を理解するために

　認知症の人の経験を理解するためには，いくつかの手法があります。ただし，どれも模擬的なものであり，完全に認知症の人の体験を理解できるというものではありません。大切なのは，一人ひとりの認知症の人の体験を理解するために，必要な土台をつくるということです。完全に認知症の人の体験を理解できなくても，その体験や気持ちを少しでも理解しようとし続ける気持ちを持つことが大切になります。

ワーク1　人として扱われなかった体験・人として大切にされた体験

　このワークでは，これまでに「人として大切にされた体験」と「人として扱われなかった体験」を思い出し，それぞれの体験とその時に感じた気持ちを，ほかの参加者と共に語り合います。その時に，互いに共感的・受容的に話を聴いてください。

手順1　「人として扱われなかった体験（物のように扱われた体験，差別された体験など）」を思い出し，ほかの人にその出来事を話してみましょう。その出来事を話した後に，その時に感じた気持ちについても話してみましょう。

　　　　※ここで話す内容は，ほかの人に話してもよいと思える，差し支えのない範囲で結構です。無理をして，とてもつらかった体験を語る必要はありません。

手順2　「人として大切にされた体験」を思い出し，ほかの人にその出来事を話してみましょう。その出来事を話した後に，その時に感じた気持ちについても話してみましょう。

手順3　記憶障害があってもなくても，「人として扱われなかった体験」や

「人として大切にされた体験」は，同じように悲しかったり悔しかったり，あるいはとてもうれしかったりするのではないかということについて，話し合ってみましょう。自分自身の体験と認知症の人の体験は，どこかつながっている部分があると感じませんか？

ワークの進め方の留意点

　このワークの手順1，2に掛ける時間は，参加者1人につき5～6分程度とするとよいでしょう。このワークの要は，手順1，2で蘇ってきた自分自身の体験と感情を，手順3において，認知症の人の体験と重ね合わせることができるかどうかです。記憶障害があってもなくても，「人として大切にされること」は喜びを生み，逆に「人として扱われなかったこと」は悲しみを生み，不適切であるという実感を共有し合うことができれば，認知症の人を特別視することから脱却できます。

　これは，認知症の人を「人」として見るための基本的なワークとなります。手順3には，十分な時間を掛けてください。理屈として頭で理解するのみならず，実感を伴って理解してこそ，認知症の人との距離を縮めることができます。

ワーク2　手袋をはめて折り紙を折ってみよう

　このワークは，2人1組となり，1人が認知症の人の役を，もう1人が介護者役を務めます。

1回目　鶴を折る時間は1分30秒です。認知症の人の役になる人は手袋をはめます。鶴を折りはじめて45秒過ぎたら，介護者役は下記の台詞を用い，時間内に認知症の人が鶴を折り終えられるように，優しく支援してください。

【介護者役の台詞】

「さぁ，急いで折ってしまいましょう」

「角を合わせてきれいに作りましょう」

「さぁ，時間がなくなってしまうから，急ぎましょう」

※この台詞を鶴が折り上がるまで，繰り返します。

2回目 1回目と同じ役割のまま，同じことをもう一度繰り返します。ただし，介護者役は，認知症の人が時間内に鶴を折り終えることにこだわらず，焦らせず，下記の台詞を用いながら，楽しく一緒に鶴を折ってください。

【介護者役の台詞】

「慌てなくても大丈夫ですよ」

「きれいに折れていますね」

※この台詞以外にも，支持的で優しい言葉を掛けてください。

1回目と2回目の振り返り 1回目と2回目を体験して，認知症の人の役はどのように感じたでしょうか？ 介護者役は，どちらも優しい気持ちで接していたとしても，1回目と2回目に違いがなかったでしょうか？ このワークを通して，日頃認知症の人がどのようなことを体験し，どのような気持ちになっているか想像してみましょう。

ワークの進め方の留意点

このワークでの介護者役は，1回目も2回目も同じように優しい気持ちで，認知症の人に接することが大切です。同じように優しい気持ちで接していても，介護者役は，1回目は鶴を折り終えることに焦点を合わせて，認知症の人を急がせる言葉遣いをしています。2回目は，鶴を折っている時間と体験を楽しく共有しながら，焦らせないように心掛けます。同じように優しい気持ちで接していても，認知症の人の気持ちには違いが出てくるかどうかを考えてみましょう。そこから介護者は，自分自身は優しい気持ちであっても，それだけでは不十分であることに気付けるかどうかが要です。

1回目と2回目の振り返りは，5〜10分程度を掛けて行ってください。この体験を，日頃のケアにまでつなげて考えていくことができるとよいでしょう。

ワーク3　気持ちの良い物語をつくり上げていこう

手順1　次の物語を読んで，太郎さんの状況を想像してみましょう。

　太郎さん（80歳）は，特別養護老人ホームの利用者です。夜8時になると，いつもそわそわして落ち着きがなくなります。この時間は，すでに夜勤の介護者しかおらず，フロアでは2人の介護者で30人の利用者をケアしなければなりません。介護者がほかの利用者のケアをしている間に，太郎さんは非常ドアの鍵をガチャガチャいじっています。介護者は，「太郎さん，どうしましたか？さぁ，一緒にお部屋に戻りましょう」と声を掛け，部屋へ連れて行きました。しかし，その後しばらくすると，太郎さんはほかのドアをガチャガチャいじりはじめました。介護者は，ため息を漏らしてしまいました。

太郎さんと介護者のそれぞれの気持ちを想像してみましょう。それぞれが思い描いている世界は，どのようなものでしょうか？

手順2　手順1の話し合いを終えた後に，次の物語を読んでください。

　介護者が毎晩太郎さんの行動に困っている時，太郎さんの娘さんから「父は若い時，警備員の仕事をしていました。警備員の仕事は不規則勤務で，夜勤をすることもありました。夜は，戸締まりの確認をしなければなりませんでした。父から，その仕事をとても誇りに思っていると聞いたことがあります」という情報を得ました。

　この話を聞き，介護者は，「太郎さんはもしかしたら，警備員をしていたころの意識世界に戻っているのかもしれない」と考えました。太郎さんのプライドを傷付けることなく，太郎さんに落ち着いて過ごしていただくには，どのようなケアが必要でしょうか？

上記の情報を得て，再度太郎さんの思い描いている世界を想像してみましょう。太郎さんには，どのようなケアが必要だと思いますか？

手順3（このワークの振り返り） 手順1と手順2のそれぞれの過程で話し合われた太郎さんの思い描いている世界は，どのようなものでしたか？ 手順2で新しい情報を得て，太郎さんの思い描いている世界を想像することは容易になりませんでしたか？ 太郎さんの思い描く世界を理解し，そこに歩み寄るのか，それとも介護者の考える現実世界に，無理やり太郎さんを引き戻すのか。ケアにはさまざまな方法がありますが，どのようなケアを提供していきたいと思いましたか？

ワークの進め方の留意点

　このワークは，手順1，2，3ともに参加者1人につき5～7分程度の時間があるとよいでしょう。手順3で，当事者を尊重するとは，どのようなことであるかを考えてみます。この時に，「介護者が認知症の人の行動を制御しやすくなるから，当事者の意識世界を知ることが大切だ」と考える視点と，「認知症の人を尊重するために，当事者の意識世界を知ることが大切だ」と考える視点は，全く異なることに留意しなければなりません。

　認知症ケアには，想像力と創造力が必要になります。本人を取り巻く，部外者からは見えにくい当事者の意識世界を想像し，本人が尊厳を持って社会的存在として生きていける環境を創造するのが，認知症ケアの目指すところです。介護者中心の視点から，認知症の人の意識世界を中心に据えた視点への切り替えができるかどうかが要です。

　このワークの材料として，本書の事例部分を用いることもできます。それぞれの事例の「うまくいかない場面」と「うまくいった場面」を対比させながら，どのように物語の流れが展開していったのかを検討してみるとよいでしょう。

2.「頑なな信じ込み」を和らげるために

認知症の人の経験を理解したくても，介護者などそれぞれの立場の人にも，それぞれの思いや意識世界があります。頭では，認知症の人の経験を理解することができても，心底からその世界を受け入れることができないのは，介護者などの思い描く意識世界と相容れないからです。

家族や専門職などの介護者が思い描く意識世界の中に，「そうは言っても，あの人はわがまま」「本当は，私を困らせるためにいろんなことをやっているに違いない」という確信が存在するとしたら，認知症の人の意識世界と介護者などの意識世界はずれたままとなります。

そこで，介護者の思い描く意識世界を少し柔軟なものにするために，「頑なな信じ込み」を和らげる方法が必要となります。

ワーク4　自分の信じている意識世界を知る

このワークでは，自分の信じている意識世界を，相対化して見つめてみることを試みます。そのためにまずは，ある出来事に対する自分の思い描く思考がどのように形成されているのかを理解しましょう。

手順1　まず次の説明を読み，「頑なな信じ込み」の構造を理解しましょう。

【頑なな信じ込みの構造】

ある出来事やある人物に対する自分の思い描く思考や意識世界は，右の図の3つの構成要素が強く結び付いて形作られています。

この3つが強烈に結び付き，一体のものとなったら「頑なな信じ込み」の出来上がりです。特に「その出来事に対する自分の感情」

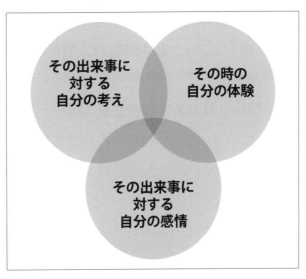

の強度が高いほど，この3つの結び付きは強くなります。

手順2 手順1で「頑なな信じ込み」の構造を理解できたら，次に自分が「少し苦手だなと思う人物」を1人挙げてみてください。その人のことを苦手だと思ったきっかけは何でしたか？「その時の自分の体験」「その出来事に対する自分の考え」「その出来事に対する自分の感情」を思い出して，整理してみましょう。個人ワークとして行います。

※このワークで挙げる人物は，「少し苦手だな思う人物」に留めておきましょう。「とても嫌い」とか，「顔を見るのも嫌」という人物を対象とすることは，ここでは避けてください。

手順3 手順2で個人ワークとして行った「少し苦手だなと思う人物」に対して苦手だと思ったきっかけを，「その時の自分の体験」「その出来事に対する自分の考え」「その出来事に対する自分の感情」に整理しながら，ほかの人に説明してください。ほかの人は共感的・受容的に話を聴いてください。

手順4（ワーク全体の振り返り） 手順1，2，3とワークを進めてきて，自分自身が抱いていた相手に対する思考に，何か気付くことはありましたか？　ワーク全体を通して，気付いたことを自由に話し合ってみてください。

ワークの進め方の留意点

　このワークは，時間を掛けて丁寧に行ってください。手順1は10分程度，手順2は15～20分程度掛けて行うとよいでしょう。手順3，4は，参加者1人につき7～10分程度掛けるとよいでしょう。このワークを進める時に重要なのは，どのような考え方であれ感情であれ，参加者の発言を否定しないということです。互いに共感的・受容的に話を聴くようにします。安心して，それぞ

れの内面を振り返れる環境があって初めて，このワークを行うことができます。

このワークの初めには，「少し苦手だなと思う人物」に対して，ワークを通して，自分自身の意識世界を相対化するだけで，最初ほど苦手意識を感じなくなる参加者も現れるかもしれません。ただし，すべての参加者がその効果を感じるわけではなく，その効果を強調しすぎることは避けましょう。

ワーク5　「頑なな信じ込み」を抱いている人に対する支援

このワークでは，「頑なな信じ込み」を抱いている人に対し，その信じ込みを少し和らげるための支援について見ていきます。

手順1（支援の順序を理解する）　「頑なな信じ込み」は，下の図の3つの構成要素が相互に強く結び付いた時に形成されることは，すでに述べました。

この3つの構成要素の中で最も強く影響するのは，「その出来事に対する自分の感情」です。

「頑なな信じ込み」を抱く人に対する支援では，共感的・受容的に話を聴くことが重要となります。次の手順で話を聴いていきます。

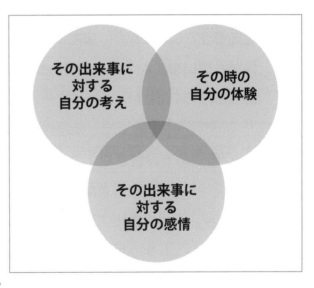

①その感情を受容する。

②その出来事の内容を明確化する。

③必要に応じアドバイスを提供する。

※感情を受容する聴き方とは，基本的に強い肯定も強い否定もせず，話をする人が表出する感情をなぞりながら，「つらかったんですね」「悲しかったんですね」「○○が嫌だったんですね」と，相手の気持ちをそのままに受け止めることを言います。心に溜まって感情をいったん吐き出してしまうことにより，少し気持ちが楽になり，その後に自分の状況を

相対化する視点を持つことができるようになる場合もあります。まずは気持ちを吐き出し，心を軽くすることが大切となります。

手順2　「少し嫌だなと感じていること」について，互いに聴いてもらう体験をしてみましょう。話を聴く人は，手順1で見てきた支援の順序に従い，共感的・受容的に話を聴くようにしてください。

　※このワークで挙げるのは，あくまでも「少し嫌だな」と感じる程度のことに留めてください。「とても嫌なこと」を取り扱うのは避けてください。

手順3（ワーク全体の振り返り）　手順1，2と，「頑なな信じ込み」を抱く人に対する支援を行いました。この支援は，家族介護者のみならず，専門職に対する支援としても有効です。この支援をどのように活用することができそうでしょうか？　また，この支援を行う時に気を付けるべきことは何だと思いますか？　このワークを通して，気付いたことを自由に話し合ってみてください。

ワークの進め方の留意点

　このワークでは，支援者が「共感的・受容的」な姿勢を貫けるかどうかが要となります。相手を操作するような視点で支援していては，話をする人は余計に心を閉ざしてしまう可能性があります。

　「良い」「悪い」の価値判断をいったん外して，その人の意識世界を受け入れた上で，本人自身が新しい自分の意識世界を構築し直すことに立ち合っていくというのが，重要な点になります。

　手順1は10分程度で，手順2，3は十分に時間を掛けて行うようにしましょう。手順2，3は，参加者1人につき10～15分程度掛けるとよいでしょう。

　どのような立場の人も，それぞれの意識世界を持っています。その意識世界のどれが正しく，どれが間違いであるということはありません。唯一絶対の正

しい世界観があるわけではなく，それぞれの意識世界のずれを相互に理解し，歩み寄っていくためにも，それぞれの意識世界を一度相対化し，少し柔軟性を持たせることが大切になります。このワークでは，それぞれの意識世界を少し和らげ，新しい意識世界を構築し直す支援の概要を理解してください。

3．関係調整の力を養うために

　認知症ケアにかかわる人々には，認知症の人本人だけではなく，認知症の人の家族や専門職などの介護者も含まれます。それぞれの立場があり，どの立場からのものの見え方が唯一絶対正しいというものではありません。認知症の人の意識世界を尊重することは大切ですが，認知症の人の言うことをすべて鵜呑みにして従っていくのでは，かえって認知症の人の利益を損ねることにもつながりかねません。

　また，デイサービスでもグループホームでも，何人かの認知症の人が交流しながら過ごす場面が見られます。この時，楽しい交流ばかりではなく，衝突する場面が見られることもあります。認知症ケアに携わる専門職には，認知症ケアにかかわる人々や，認知症の人同士の交流において，必要に応じて関係調整をする力が求められます。

　ここでは，関係調整の力を養うための方法について見ていきましょう。

ワーク6　それぞれの立場からの思いをリフレーミングしてみよう！

　記憶障害があってもなくても，人と人との交流には誤解がつきものです。言葉が足りなかったり多すぎたりして，誤解を生むことがあります。相手に対し不快な感情を持っていると，余計に相手の言葉を悪く解釈してしまうこともあります。

　このように関係がこじれている時に，それぞれの発言を温かい言葉に置き換えて，気持ちの良い交流に変えていくために必要なのが，リフレーミ

ングする力です。リフレーミングとは，表現の枠組みを作り替えることを意味します。温かい表現に置き換えて，そこに肯定的な感情表現も付け加えるようにします。

手順1 次の物語を読んで，佳子さんと恵子さんの状況を想像してみましょう。

　認知症の母を介護する佳子さんは，地域包括支援センターの主任介護支援専門員に，「母は，私に嘘ばかりつくんです。『毎日薬をきちんと飲んでいる』とか，『風呂にきちんと入った』とか。でも，実際には薬は飲んだり飲まなかったりだし，お風呂にはほとんど入りません。私は，母の言葉をだんだん信じられなくなってきました」と相談しました。一方，認知症の恵子さんは，「最近，娘は私のことをずっと監視しているんです。それから，子ども扱いまでして。薬を飲んでいるのに，飲んだか飲んでいないか何度も聞いてくるし。娘の監視には，ほとほとうんざりしています」とデイサービスの介護職員にぼやいています。

　佳子さんには，母親の恵子さんの気持ちをどのように伝えるとよいでしょうか？　また，恵子さんには，娘の佳子さんの気持ちをどのように伝えるとよいでしょうか？

ワークの進め方の留意点

　このワークでは，表現力・語彙力が重要となります。否定的な表現を，どのような価値中立的な表現，あるいは温かみある表現に置き換えるのか，そのセンスが重要となります。大袈裟すぎたり極端すぎたりする表現では不自然となります。
　この事例では，「嘘ばかりつく」という表現を，「物忘れから，事実とは異なることをおっしゃってしまうのかもしれませんね」「佳子さんに心配をかけまいと，良いようにおっしゃってしまうのかもしれませんね」あるいは「大人としてのプライドがあるから，自分はきちんとできるとおっしゃってしまうのかもしれませんね」などのような表現に置き換えることができるでしょう。また，「ずっと監視している」という表現は，「娘の佳子さんは，恵子さんが心配で，

ずっと見守っているのでしょうね」という表現に置き換えることができるでしょう。「子ども扱いまでして」という表現は,「娘の佳子さんは,恵子さんのことが心配だから,ついつい恵子さんの母親のような振る舞いをしてしまうのかもしれませんね。でも,そのぐらい恵子さんのことを大切に思っているのでしょうね」という表現に置き換えることができるでしょう。

　少し表現を変えるだけで,攻撃されていたという被害者的な気持ちから,心配してもらっているという気持ちに変わってくるのではないでしょうか。言葉の持つ力には,とても大きなものがあります。言葉を適切に使ってこそ,人と人の交流が気持ちの良いものになっていくのです。

4．人として尊重される体験を大切にしよう

　認知症の人に適切なケアを提供するためには,認知症の人を「人として」尊重することが大切になります。しかし,その前に認知症ケアにかかわる認知症の人の家族や専門職である介護職員などが,「人として」尊重される体験をしていないことには,他者を「人として」尊重することはできないでしょう。そこで,人として尊重される体験を得ることが非常に大切となります。

　ここでは,人として尊重される体験について見ていきましょう。

■気持ちの良い交流を大切にしよう

　人として尊重される体験で,最も基本的なことは,他者から認められ気持ちの良い交流を持つことです。

　気持ちの良い交流について考える時,ワーク4,5ですでに紹介した3つの構成要素（P.149,151の図参照）を丁寧に検討していくことが大切になります。他者から「認められた」「尊重された」「必要とされた」という実感を持つためには,「その時の自分の体験」として,「他者から認められ,尊重され,必要とされたという体験」を得ることが必要です。また,「その出来事に対する自分の考え」として,「他者から認められ,尊重され,必要とされたと自分自身で考える」ことができる必要があります。さらに,「その出来事に対する自

分の感情」として,「自己肯定感を得て, うれしい, 楽しい, やり甲斐があるといった肯定的感情」を得る必要があります。このような3つの構成要素が強く結び付いた時に, 気持ちの良い交流を得たという実感を持つことができるでしょう。

　人と気持ちの良い交流をしていくためには, まずは「脅かされない」「周囲に対し, 過剰に気兼ねしない」で済む人間関係や環境が必要です。支持的な姿勢を持つ人々との中で, もともと得意だったことをしたり, 自信を持って行えることをしたりしている時には, 多くの人は笑顔にあふれ, 生き生きとした表情をしているものです。

　このような体験を通し,「人として尊重されることの大切さ」を実感できるようにしていくことが大切です。

■振り返りを大切にしよう

　実際には援助をしている最中は, とても良い交流をしていたし, 介護職員も認知症の人も笑顔があふれていたのに, 自己肯定感が低いために, 後から振り返ると「私は, 利用者の役に立っているとは思えません」と, 自信がなさそうな発言をする介護職員もいます。

　そこで, 気持ちの良い交流をした後に, それをそのまま放置するのではなく振り返りをして, 自分自身の体験を自分自身で整理しておく必要があります。自分自身の体験を,「その時の自分の体験」「その出来事に対する自分の考え」「その出来事に対する自分の感情」に整理し, 分析していきます。

　一人ではなかなか振り返りが適切に行えない人は, 職場の仲間や上司などの力も借りながら振り返っていくとよいでしょう。

5．自らの体験を相対化する力を養うために

　認知症ケアにかかわる認知症の人の家族や専門職である介護職員なども, 認知症ケアにかかわる当事者です。当事者は, そこに自分自身の感情が存在しているため, なかなか自分自身を客観視することが難しいでしょう。しかし, 自らの体験を相対化する力を養わなければ, 認知症の人との交流がなぜうまくい

かないのか，その理由を探っていくことができません。そこで，自らの体験を相対化する力を養う必要があります。

ここでは，自らの体験を相対化する力を養うための方法について解説します。

■記録の活用

記録は，監査のためのアリバイづくりとして書くものではありません。記録を通して，その時の状況を客観的に見つめ直す習慣を身に付ける必要があります。

自分自身がどのように振舞っているのかを，客観的に俯瞰して見ることを「メタ認知」と言いますが，メタ認知は容易なことではありません。適切なメタ認知に至るようにするのに役立つのが記録です。記録の記述を通して，また書き終えた記録を読み返すことを通して，その時の自分自身と相手とのかかわりを振り返るように心掛けます。そのため記録には，その時の状況を再現するように，利用者の言動や表情，自分自身の言動をも残しておくとよいでしょう。

記録のスキルが向上すると，自分自身のケアの振り返りが容易になっていきます。より良いケアを構築していくための方法として，記録を積極的に活用していきましょう。

■シナリオ・ロールプレイの活用

なぜ相手はそんなに怒っているのか，なかなか相手の気持ちを推し量ることが難しい時に，相手の気持ちを探る一つの手法として，シナリオ・ロールプレイという方法があります。シナリオ・ロールプレイは，振り返ってみたい場面のやりとりを，簡単でよいので書き起こし，そのシナリオに従って状況を再現する手法です。そして，その登場人物を演じた人に，その時の気持ちを聴きながら，どのように感じる可能性があるか，その状況をどのようにとらえたのかなどを探っていきます。

もし専門職である介護職員が，認知症の人と適切にかかわることができず，いつも衝突してしまうとしたら，よくある衝突場面をシナリオとして書き起こしてみます。そして，仲間の協力を得て，一緒にシナリオの読み合わせを通して状況の再現を行います。この時に，いつも衝突してしまう介護職員は，自分自身の役を演じるのではなく，あえて認知症の人に立場になってみるとよいで

しょう。そして，自分自身の役割は，ほかの介護職員に演じてもらいます。シナリオを通した状況の再現の後は，それぞれの立場を演じてみて気付いたことや感じたことを自由に話し合ってみます。それらの感想は，必ずしも正解とは限りませんが，いろいろな可能性を探っていくのに役立ちます。

このようなシナリオ・ロールプレイを活用し，相手の立場に近付く努力を通して，少しでも相手の気持ちを察していこうとする姿勢が，認知症ケアの質の向上には必要となります。

6．ほかの専門職の力を借りよう～「抱え込み」からの卒業

認知症の人は，記憶障害などの認知機能障害以外にも，何らかの疾病などを抱えていることが一般的です。高齢者の多くは，複数の疾患を併せ持っています。ですから，認知症の人に対する支援は，生活を支える介護職員からのかかわりだけでは不十分になることもあります。体調を崩した時には，医療的な支援が必要になることもあるのです。

そこで，自分たちの専門性では対応しきれないことは，ほかの専門職から力を借りる必要があります。そのことが利用者に対する支援の質を高めていくことにつながります。専門職による「抱え込み」は，利用者にとって不利益となることが多いのです。専門職同士が連携し合うことにより，サービスの質を高めていくことが大切です。

ここでは，ほかの専門職の力を借りる方法と視点について見ていきましょう。

ワーク7　専門職や専門機関の役割を知ろう

最初に，専門職と専門機関の役割を知ることから始めましょう。

手順1　まず，自分自身が知っている専門職と専門機関の名称を書き出してみましょう。たくさん書き出すことができなかったら，テキストなどの資料を用いて，専門職や専門機関について調べてみましょう。

手順2 その専門職と専門機関の役割を書き出してみましょう。ここでも，自分の知識だけでは足りない場合は，テキストなどの資料を用いて調べてみましょう。

手順3 実際にその専門職や専門機関の力を借りたければ，どこに行けばその専門職や専門機関と接触できるのかを調べてみましょう。そのリストを作成することができたら，いざという時に連絡を取ることができるようになります。

ワークの進め方の留意点

現在自分が持っている知識だけでは，多職種連携は広がっていきません。そこで，テキストなどの資料を用いてみることが必要となります。また実際に，それらの専門職や専門機関はどこに存在するのかを知らないと，知識を得ただけで終わってしまうことになります。調べたことをリストアップしたり，地図に書き記しておいたりすることで，実際の支援につながっていきます。このワーク全体を30〜45分程度で行うとよいでしょう。

ワーク8　認知症の人の思いを実現するために

認知症の人の思いを実現するために，どのような専門職がかかわっていけるのかを，事例を通して検討していきましょう。

ミチ子さんは，最近物忘れがひどくなってきました。娘は2人いますが，2人とも結婚して他県に住んでいます。そのため，娘たちも心配はしているものの，頻繁にミチ子さんの世話をするために訪ねてくることはできません。

夫は5年前に他界したため，ミチ子さんは現在一人暮らしです。ミチ子さんは，住み慣れた自宅でずっと過ごしたいと考えています。今はまだ介護保険制度における介護サービスなどは利用していません。時々失敗はしますが，まだ

食事作りはできます。足腰が弱いため,重い荷物を持ち上げることはできませんが,買い物に行くことはできます。ごみ出しの日を間違えて,近所から苦情が来たことがあります。

ミチ子さんは糖尿病を患っています。食事の時間が空きすぎて低血糖になり,ショック状態に陥ったこともあります。幸い,その時は娘がたまたま訪ねてきたので,大事には至りませんでした。

ミチ子さんの希望である在宅生活を継続するために,どのような専門職や専門機関がかかわることができるでしょうか。

手順1 ミチ子さん,あるいはミチ子さんの娘さんは,どこに相談に行ったらよいでしょうか？ 介護保険制度による介護サービスを利用しようと思ったら,どこに相談に行く必要がありますか？ 介護保険制度について調べてみましょう。

手順2 ミチ子さんには,どのような支援の必要性（ニーズ）があるでしょうか？ その必要性（ニーズ）を充足できる専門職や専門機関は何でしょうか？ 自分の知識だけでは分からない場合は,テキストなどの資料を用いて調べてみましょう。

手順3 専門職からの支援だけではなく,家族や近所とのつながりを生かして自宅での生活を継続できないか考えてみましょう。今のミチ子さんの状況だけではなく,今後認知症が進行した時のことも予測しながら,段階に応じ,どのような支援が必要になってくるのかも考えてみましょう。

ワークの進め方の留意点

認知症の人の生活をさまざまな角度から検討していくことが,このワークの目的です。介護サービスで提供できることだけに固執するのではなく,医療サービスや社会福祉サービスなどにも視野を広げていくことが必要です。どう

しても，専門職は自分たちの専門性の範囲内で提供できることにとらわれる傾向にあります。しかし，そこにとらわれていたら，利用者に不利益をもたらしてしまいます。

この事例ならば，糖尿病に対する配慮をどのようにするのか，それはどの専門職か，また，一人暮らしを続ける時に金銭の管理などをしてくれる支援はあるのかなども検討していく必要があります。これらは，すでに自分が知っている知識だけでは良い考えが出てこないかもしれません。分からないことがあったら調べる，という習慣を大切にしてください。

7．リフレッシュする力を身に付けよう

認知症ケアは，1日や2日という短い期間で済むものではありません。認知症の人の家族は，認知症の人が亡くなるまで，ケアを提供し続ける必要があります。認知症ケアは，息の長いものなのです。だからこそ，一瞬だけの瞬発力ではなく，持久力が必要です。どのような活動であれ，長く続けていこうと思ったら，途中で休憩することがとても重要になります。「休憩したら，さぼっているように思われるのでは」と心配する人もいるかもしれませんが，良いケアを提供し続けるためには，休養は必要です。

ここでは，リフレッシュする方法について紹介します。

■思考の世界を広げよう

認知症ケアに携わるようになってから，外出する機会が少なくなったという家族は多いものです。認知症ケアに振り回されて，友達と会う機会が少なくなったという話もよく聞きます。

いつの間にか，認知症の人とその家族だけの狭い世界に入り込んでしまっているということはないでしょうか。狭い世界に入り込んでしまうと，だんだん息苦しくなってきて，精神的につらくなってしまうことがあります。ケアに携わってから，物理的にも精神的にも狭い世界に入り込んでしまうというのは，よくあることです。

また専門職も，不規則勤務のために，学生時代の友達と遊びに行く機会が少なくなり，介護現場の同僚とだけ会っているということが多くなります。そうすると，やはり狭い世界に入り込んでしまうことになります。
　ケアを新鮮な気持ちで行い続けるためには，ケア以外の世界を持ち，楽しみ続けることが重要です。友達に会いに行くことや，映画を観てみること，小説を読んでみることなど，ちょっとしたことでもよいので，思考の世界を広げてみましょう。

■心に溜まったものを外に出して，気持ちを軽くしよう

　認知症ケアは，人が生きることを支え続ける，とても大切なものです。倫理観が求められる認知症ケアにおいては，愚痴や文句を言ってはいけないと思われがちです。しかし，特に認知症の人をケアする家族介護者が，全く愚痴や文句を言うことなくケアをし続けるのは，とても難しいことではないでしょうか。
　認知症の人に直接文句を言うのではなく，愚痴を聴いてもらえる場所を見つけ，そこで泣き言を言ってみてください。心に溜まったものを外に出したら，少し気持ちが軽くなります。そうしたら，また頑張ってみようと思えるでしょう。文句を言わない，愚痴を言わない優等生を演じるのではなく，肩の力を抜きながら，自然体で認知症ケアに取り組んでみてはいかがでしょうか。
　それぞれの都道府県には，「公益社団法人認知症の人と家族の会」が組織されています。それぞれの会では，これまで認知症ケアに携わってきた家族の体験談を聴く機会や，その時に感じたいろいろな感情をそのままに語り合うことが許される場を設けています。そういった場に出掛けることによって，「認知症ケアに行き詰まっていると感じているのは，自分だけではないんだ」と知ることができます。
　また，専門職であっても，認知症ケアに行き詰まり，悩みを抱えることもあります。それぞれの都道府県に組織されている介護福祉士会などの職能集団は，同じ悩みを抱える仲間と知り合える場です。一人だけで悩みを抱え込むのではなく，仲間とのつながりを大切にしてください。

■効果的な休養法を身に付けよう

　疲労には，身体的疲労と精神的疲労があります。また疲労には，短期的疲労と慢性的疲労があります。引っ越しの作業などを手伝った後に残るのは，短期的な身体的疲労です。短期的な身体的疲労には，入浴後にゆっくり寝るなどの休養法が有効です。しかし，認知症ケアに携わっている時に抱えてしまいやすいのは，慢性的な精神的疲労です。慢性的な精神的疲労は，いくら寝てもなかなか芯から疲れが抜けることはありません。実は，慢性的な精神的疲労は，寝るなどの静的休養だけで抜き取ることは難しいのです。

　慢性的な精神的疲労には，動的休養を活用することが必要となります。動的休養とは，リフレッシュのためにスポーツをするなどの休養の取り方です。激しいスポーツをする必要はありませんが，いつもとは異なる活動をして，心身ともにリフレッシュすることが大切になります。「ただでさえ疲れているのに，さらにスポーツなんか…」と思われるかもしれませんが，散歩などの簡単なことでも結構です。ちょっとした活動をした後に入浴して寝るだけで，何もしないで寝ていた時よりもはるかに疲れが抜けやすくなるのです。まずは動的休養を取り，そしてその後に睡眠などの静的休養を取るのが効果的です。

　好きな音楽を聴いたり，大好きな漫画を読んだり，好みのハーブティーを飲んだり，自分の世界に没頭してみるのも大切な気分転換です。自分に合った静的休養と動的休養を身に付け，効果的に使い分けてみましょう。

8．学び続ける習慣を身に付けよう

　どのような活動をしていても，展望を見いだせない時には，精神的疲労感が蓄積されやすくなります。精神的疲労感が蓄積された時には，効果的なリフレッシュ法を用いて，その疲れを取り除いていくことが大切ですが，それだけでは対症療法的です。効果的なリフレッシュ法を用いる以外に，自分自身で展望を見いだす力を養うことが重要となります。自分自身で展望を見いだす力を養うということは，つまり学び続け，自分自身でビジョンを描けるようになることを指します。

ここでは，学び続ける習慣を身に付けるということについて考えてみましょう。

■夢を大切に

　家族介護者の中には，決して望んで認知症ケアを始めたわけではなく，たまたま家族が認知症になったために，やむを得ず始めただけ，という方がほとんどでしょう。望んで認知症ケアを始めたわけではないのですから，「何で，自分だけがこんな目に遭わなければいけないんだ」「嫌で仕方がない！」と，気持ちが被害者意識でいっぱいになってくると，ますますつらさが増していき，自分自身が惨めに思えてきてしまいます。少し愚痴を言うことは必要ですが，被害者意識で凝り固まった気持ちを抱えながら生きるのではなく，どのような時にも夢を大切にしてください。

　専門職である介護職員は，介護という仕事を自ら選んだことでしょう。どのようなケアができたら素敵だと思いますか。小さな成功や小さな幸せでよいですから，夢や目標を大切にしてください。その夢や目標に近付いていると実感できたら，自分自身の内側から力がわいてくることに気付けるでしょう。

■気持ちの良いゴールをイメージしてみよう

　この先どのような時間を，認知症の人と共につくり上げていきたいのか。認知症ケアに必要な想像力と創造力を高めていき，やがてどのようなケアを実現していきたいのか。そのゴールが思い描けたら，そこに行き着くために必要な知識や技術が見えてくるのではないでしょうか。最終地点を思い描き，そこから逆算して，今何をなすべきかを考えるという思考法は，専門職として，また人としての成長に大いに役立ちます。

　人は，限りある時間を生きています。認知症の人も，認知症の人の家族も，専門職である介護職員も，同様に限りある時間の中で生きているのです。人生の終わりに「良い人生だったな」と思ってもらえる時間，そのように感じてもらえる瞬間をつくり上げるために，何ができるでしょうか。QOT（Quality of Time），つまり，時間の質を高めていくために，探求心を大切にし続けてください。その探求心を大切にし続けた結果，専門職である介護職員としての，あるいは一個人としての自分自身のQOTも高まっていくのではないでしょうか。

おわりに

　パーソン・センタード・ケアの事例集をまとめる仕事をしてもらえないかと，私が以前勤務していた専門学校の卒業生である佐久間尚実さんから連絡をもらったところから，この本へのかかわりが始まりました。その後，日総研出版の中野義之さんから企画の主旨を説明され，どのようにすれば認知症ケアにかかわる人々にとって分かりやすいものになるか，意見交換をしました。そして，事例ごとにかかわりがうまくいかない場面と心地良いかかわりになった場面を対比することによって，ケアのヒントが見つかるのではないかということになりました。

　この事例を執筆してもらう仲間として，認知症ケアマッピングを用い，介護現場にかかわっている人たちに協力してもらいました。それぞれ介護現場や介護福祉教育の現場で働いている人たちです。認知症ケアマッピングとは，パーソン・センタード・ケアの理念がどの程度実践されているかを知るために，認知症の人の様子などを測定する観察式評価法です。この実践を通し，日頃から良いケアとそうでないケアの違いは何だろうかと考えているからこそ，それぞれの事例の中に散りばめられたケアのヒントに気づくことができます。

　ただ，介護現場で強い実感を持って働いているからこそ，やや特殊な事例ととらえられやすい傾向も見られました。そこで，事例全体の編集を，富山福祉短期大学の牛田篤さんにお願いしました。多くの人に，「あぁ，ある！　ある！」と思ってもらえるように，事例全体の歩調を合わせ，読みやすくする作業を担当してもらったのです。この作業は，介護現場と研究・教育をつなぐ実践に常日頃から取り組んでいる牛田さんだからこそできたものだと言えます。

　さらに佐久間尚実さんの発案で，認知症の人や認知症ケアにかかわる人々の声を紹介したらより良いものになるのではないかということになりました。そこから認知症を抱えながら今を前向きに生きている佐藤雅彦さんと中村成信さんのご協力を得て，佐藤さんと中村さんの著書からそれぞれの声を紹介させていただくことになりました。大月書店と中央法規出版にも謹んで御礼申し上げます。また『毎日がアルツハイマー』という素敵な映画を作られた関口祐加さんにもご協力いただくことができました。映画監督の視点から，認知症ケアを見つめ直す切り口を提供していただきました。家族介護者の立場からは，下里多津子さんと百合草正子さんにご協力いただきました。家族介護者として経験した，いろいろな気持ちを率直にお話しいただき，教わることがたくさんありました。

　このような皆さまとの協働作業で，この本が完成しました。

　学校の仕事に追われ，なかなか執筆が進まない中で粘り強く，本書の編集に携わってくださった中野義之さんには，この場をお借りして厚く御礼申し上げます。

　本書が，少しでも認知症ケアに悩む人々の力になることを願っております。

執筆者代表　下山久之

著者略歴

下山久之（しもやま ひさゆき）
同朋大学 社会福祉学部 准教授／認知症ケアマッピング アドバンスマッパー

早稲田大学大学院社会科学研究科政策科学論（福祉関係論）専攻修士課程修了。聖隷クリストファー大学大学院社会福祉学研究科博士後期課程修了。博士（社会福祉学）。専門分野は社会学（コミュニケーション論），介護福祉学，ソーシャルワークで，回想法，パーソン・センタード・ケア，認知症ケアマッピング（DCM）などの講演や著作多数。

主な著書・執筆は，『写真でみせる回想法』（共著・公文堂），『ライフレビューブック』（共著・公文堂），「認知症高齢者ケアのためのスーパービジョンへのDCM法の導入について―DCM法の教育的効果についての検証―」（明治安田こころの健康財団研究助成論文集 第40号），「職場によくいる"困ったスタッフ"へのスーパービジョン」（『介護人財育成』Vol.3, No.2），「各国の福祉事情第49回イギリスにおける認知症高齢者介護②　パーソン・センタード・ケアとDCMが誕生した経緯，概要と特徴」（『月刊福祉』11月号），他多数。

〈事例提供者〉五十音順

市川宰子　株式会社 ラ・プラス／認知症ケアマッピング ベーシックマッパー

牛田　篤　富山福祉短期大学／認知症ケアマッピング アドバンスマッパー

大西祐子　愛知県介護福祉士会／認知症ケアマッピング ベーシックマッパー

岡崎両次　医療法人生生会／認知症ケアマッピング ベーシックマッパー

奥村るみ　社会福祉法人慈恵会／認知症ケアマッピング ベーシックマッパー

加藤千明　社会福祉法人八事福祉会／認知症ケアマッピング ベーシックマッパー

栗本文代　なも介護サポート有限会社／認知症ケアマッピング ベーシングマッパー

佐久間尚実　社会福祉法人沼風会／認知症ケアマッピング アドバンスマッパー

城木理恵　社会福祉法人九十九会／認知症ケアマッピング ベーシングマッパー

相馬小百合　社会福祉法人健楽会／認知症ケアマッピング ベーシングマッパー

曽根幹晴　医療法人生生会／認知症ケアマッピング ベーシングマッパー

長谷川理恵　社会福祉法人健楽会／認知症ケアマッピング ベーシングマッパー

林　三代志　同朋大学／認知症ケアマッピング アドバンスマッパー

飛田いく子　あいち福祉医療専門学校／認知症ケアマッピング ベーシックマッパー

渡邊隆夫　名古屋福祉専門学校／認知症ケアマッピング ベーシックマッパー

BPSDを改善 パーソン・センタード・ケア事例集

2015年5月29日 発行　第1版第1刷

著者：下山久之 ⓒ
　　　しも やま ひさ ゆき

企　画：日総研グループ
代　表　岸田良平
発行所：日総研出版

本部　〒451-0051 名古屋市西区則武新町3－7－15(日総研ビル)　☎ (052)569－5628　FAX (052)561－1218

日総研お客様センター　電話 0120-057671　FAX 0120-052690　名古屋市中村区則武本通1－38 日総研グループ縁ビル 〒453-0017

札幌	☎ (011)272－1821　FAX (011)272－1822 〒060-0001 札幌市中央区北1条西3－2(井門札幌ビル)	広島	☎ (082)227－5668　FAX (082)227－1691 〒730-0013 広島市中区八丁堀1－23－215
仙台	☎ (022)261－7660　FAX (022)261－7661 〒984-0816 仙台市若林区河原町1－5－15－1502	福岡	☎ (092)414－9311　FAX (092)414－9313 〒812-0011 福岡市博多区博多駅前2－20－15(第7岡部ビル)
東京	☎ (03)5281－3721　FAX (03)5281－3675 〒101-0062 東京都千代田区神田駿河台2－1－47(廣瀬お茶の水ビル)	編集	☎ (052)569－5665　FAX (052)569－5686 〒451-0051 名古屋市西区則武新町3－7－15(日総研ビル)
名古屋	☎ (052)569－5628　FAX (052)561－1218 〒451-0051 名古屋市西区則武新町3－7－15(日総研ビル)	流通	☎ (052)443－7368　FAX (052)443－7621 〒490-1112 愛知県あま市上萱津大門100
大阪	☎ (06)6262－3215　FAX (06)6262－3218 〒541-8580 大阪市中央区安土町3－3－9(田村駒ビル)		この本に関するご意見は、ホームページまたは Eメールでお寄せください。E-mail cs@nissoken.com

・乱丁・落丁はお取り替えいたします。本書の無断複写複製(コピー)やデータベース化は著作権・出版権の侵害となります。
・この本に関する訂正等はホームページをご覧ください。www.nissoken.com/sgh

研修会・出版の最新情報は

www.NISSOKEN.com

スマホ・PCから　日総研　で検索！

BPSDのケアに見学者が絶えない認知症専門老健の実践に学ぶ

利用者のうまくできないことに気づき、支援するための「かかわりかた」が身につく！

介護老人保健施設なのはな苑 編
［指導解説書執筆］
松浦美知代 看護部長

[DVD] 約65分＋
[冊子] B5判 32頁
定価 5,500円＋税
（商品番号 601721）

主な内容
・基礎知識 編（約12分）
・食事支援 編（約20分）
・整容支援 編（約18分）
・排泄支援 編（約15分）

BPSDの対応に失敗しないチームケアを実現！

初心者も、ベテランも習熟段階に応じた目標・指導のポイントがわかる！

認知症介護研究・研修大府センター
研修部・DCM推進室 研修指導主幹
山口喜樹 執筆
副センター長・研修部長／医学博士
加知輝彦 医学監修

B5判 120頁
＋ CD-ROM
定価 3,000円＋税
（商品番号 601681）

研修にすぐ使える本書の要点をまとめたスライドデータ。初めての指導者のためにスライド解説集も添付

**26事例をマンガで演出
人が人に寄り添うケアのお手本！**

編 きのこグループ
執筆・漫画 西谷達也
きのこグループ
総社市山手福祉センター 施設長

A5判
一部2色刷 232頁
定価 2,476円＋税
（商品番号 601568）

主な内容
マンガ・認知症の人の心がみえる26事例
・認知症の人の好きなことを知る
・認知症でも親しまれる人 ほか
より良いケアを提供するポイント
・良いケアの5つの条件
・5つのポジティブケア ほか

裁判にならない・負けないリスクマネジメント教材

日常の身近な危機意識を高める！

菅原好秀 東北福祉大学
総合マネジメント学部
准教授／社会福祉学博士

[DVD] 約90分
[書籍] B5判 100頁
定価 6,000円＋税
（商品番号 601669）

主な内容
・利用者の自発的行動に対してどこまで責任を負う？
・専門職として期待される「見守り」のレベルとは？
・利用者間のトラブルや拒絶に伴う事故の責任は？
・どこまで負うか？
誤嚥事故の責任 ほか

新人介護職でも即活用できるプログラム！

リズムに合わせて体が自然と動き出す、適度な運動で快食・快眠・快便！

医療法人社団
恵正会 編

DVD58分
定価 4,952円＋税
（商品番号 601653）

主な内容
・高齢者口腔体操（11分）
・高齢者ボール体操（9分）
・高齢者リズム体操
　（練習用9分＋実践用6分）
・高齢者音楽体操
　（練習用10分＋実践用8分）
・体操レク上級編（5分）

心を傷つけず不安を与えない、心通い合う会話術

BPSDの悪化につながる禁句と言い換えを多数掲載！

米山淑子
NPO法人 生き生き介護の会 理事長
日本老年行動科学会 常任理事

A5判 128頁
定価 2,095円＋税
（商品番号 601553）

主な内容
・認知症を理解するための基本
・認知症高齢者の対応の基本姿勢
・認知症高齢者とのコミュニケーション
・認知症介護の「禁句」と「言い換え」のテクニック

日総研　詳しくはスマホ・PCから　商品番号　日総研 601553 で検索！
電話 0120-054977
FAX 0120-052690